W0062725

KLARTEXT

Thomas Müller / Kristin Müller / Hans-Peter Blum

Dampfloks, Korn und eine Alm – Urlaub im Südharz

IMPRESSUM

1. Auflage September 2015
Satz und Gestaltung: Achim Nöllenheidt, Essen
Umschlagfotos: Christoph Keil, Roland Obst, Max Onasch
Umschlaggestaltung: Volker Pecher, Essen
Druck und Bindung: Multiprint GmbH, Kostinbrod
© Klartext Verlag, Essen 2015
Alle Rechte vorbehalten
ISBN 978-3-8375-1530-5

KLARTEXT   www.klartext-verlag.de

INHALT

DIE TOUREN

Bei uns beginnt der Harz

Als Tor zum Harz wird Nordhausen oft bezeichnet – zu Recht. Ohne die Harzer Berge, ihre Wasser- und Holzvorräte gäbe es selbst den Echten Nordhäuser Korn nicht, der heute in ganz Deutschland bekannt ist. In der einstigen Freien Reichsstadt startet die Harzer Schmalspurbahn (HSB) dampfend ihre Reise zum Brocken und das seit rund 120 Jahren. In unserem Naturpark Südharz erheben sich die ersten Höhenzüge des sagenumwobenen Harzes mit mythischen Felsen, Tälern und blühenden Bergwiesen. Auch die Hainleite, die Bleicheröder Berge und die Goldene Aue fordern regelrecht dazu auf, den Rucksack aufzusetzen und die Wanderstiefel zu schnüren. Und unsere Kreisstadt Nordhausen mit ihrer fast 1100-jährigen Geschichte, ihrer Hochschule, dem Theater, dem Kunsthaus, mit Kirchen und modernsten Museen ist als größte Stadt Nordthüringens für sich schon eine Reise wert.

Für unseren Südharz als Reiseregion wünschen wir uns in Zukunft noch mehr Gäste. Der Teppich dafür ist ausgerollt, nun müssen wir unsere Angebote noch bekannter machen und uns weiterentwickeln. Dieser Reiseführer, von der Thüringer Allgemeine initiiert und umgesetzt, ist ein Baustein dafür. Wenn hier auch vornehmlich Sommermotive gezeigt werden, so lade ich Sie herzlich ein, einmal beim Frühlingserwachen, in unseren bunten Herbstwäldern oder im Winter Urlaub bei uns zu machen. Gerade in unseren höheren Lagen rund um Sophienhof und Rothesütte macht Winter bei Schneespaziergängen, mit Skiern und Schlitten richtig Spaß. Ich selbst fahre auch dann am liebsten mit der Dampflok in die Berge. Das ist zu jeder Jahreszeit ein Abenteuer.

Ein Ausflug in den Südharz – egal ob mit der HSB, zu Fuß oder mit dem Rad – bietet viele spannende Entdeckungen. Das werden Ihnen die kommenden Seiten zeigen. Viel Spaß beim Lesen und Nachmachen wünscht Ihnen

Ihr Matthias Jendricke
Landrat des Landkreises Nordhausen

Thomas Müller

Die Reise geht los –
Wir machen Urlaub im Südharz

Wussten Sie, dass es im Südharz die reinsten Gipsvorkommen Deutschlands gibt? Für ziemlich viele Dinge im Alltag wird dieses Gestein benutzt, natürlich für Gipsverbände, aber auch für Gipsabdrücke beim Zahnarzt und vor allem für die Bauindustrie.

Thomas Müller,
Redaktionsleiter der „Thüringer
Allgemeine" in Nordhausen.

Kein Wunder also, dass der südliche Gürtel des Harzes mit seinen sanften Hügeln aus Gipskarst, der teilweise schon von weitem weiß schimmert, nicht nur Touristen anlockt, sondern auch die Industrie. Die einen wollen die fantastische Natur erleben, die anderen wollen sie abbauen, um den Markt auch weiter mit Gips zu versorgen.

Dem Konflikt um den Gips, auch Karst genannt, werden wir auf unserer 17-tägigen Reise durch den Landkreis Nordhausen häufiger begegnen, ja ihn sogar mit eigenen Füßen erwandern. Auf ihren Recherchetouren haben die TA-Redakteure aber auch vieles entdeckt, was selbst Einheimische nicht vor Augen haben, wenn sie an den Südharz denken: einen Goldenen Sarg beispielsweise, ein Tal, das Holländer besonders lieben, oder einen Pfad mitten im Wald, in dem es Monster und Spinnen gibt.

Wir fahren unter Tage, gehen schwimmen, klettern, trinken und essen. Und erfahren auch, weshalb die Hauptstadt des Südharzes, Nordhausen, heute so modern aussieht. Es ist leider eine tragische Geschichte.

Zu jeder Tagestour haben wir Einkehrmöglichkeiten vermerkt, Preise und Öffnungszeiten und kleine Tipps, die sicher für Urlauber wertvoll sind.

Und nun geht es los, mit Dampfloks, Korn und einer Alm.

Thomas Müller

Von Nordhausen auf den Brocken – natürlich mit der Dampflok

Am ersten Urlaubstag zieht es uns auf den mit
1141 Metern höchsten Berg Norddeutschlands.
Mit der Garantie, Holländer zu treffen

Viele Wege führen in den Harz. Goethe freilich wusste: Vom Thüringischen ist Nordhausen nicht aus dem Weg zu räumen. Also ritt er dort entlang, wo heute die Schienen für die größte Attraktion der Region liegen, an Salza und Krimderode vorbei. Nur, was er einst mit der Pferdekutsche machte, erledigt heute die Dampflok.

Es ist kurz vor 10 Uhr, als sich am Bahnhofsplatz in Nordhausen die ersten Reisenden einfinden. Der Dampfladen der Harzer Schmalspurbahn hat – ausgerechnet in der Ferienzeit – geschlossen. Also schlendern die poten-

Unsere erste Tour führt mit der Harzer Schmalspurbahn von Nordhausen (185 Meter über NN) zum Brocken (1141 Meter).

Grafik: Andreas Wetzel / Thüringer Allgemeine © Stepmap, 123map• Daten: OpenStreetMap , Lizenz ODbL 1.0

ziellen Fahrgäste über den Bahnsteig. Gerade hängen Lokführer und Heizer die schwere schwarze Lokomotive an. 25 Minuten, dann schnauft dieses Dampfross in den Harz.

Noch ist es leer in den alten Waggons. Katrin Köthe, die Zugbegleiterin, haut mit einem schweren Gerät unter jedem Hänger ans Fahrgestell. Alles sicher, die Fahrt beginnt.

1986 hat die blonde, freundliche Frau bei der Reichsbahn begonnen. Seit der Wende begleitet sie die Schmalspurbahn auf ihren Touren auf den Brocken. Dass sie von Nordhausen überhaupt wieder dorthin fahren, ist für viele noch ein Traum. Bis 1989 lag der höchste Berg Norddeutschlands im Sperrgebiet.

Es ist, das sollte man wissen, kein schneller Trip mit der Lok zum Brocken. Drei geschlagene Stunden braucht sie, um auf 1125 Metern anzukommen, im höchstgelegenen Dampfbahnhof Deutschlands. Mütze, vielleicht auch eine Brille sind zu empfehlen. Denn was für gehfähige Personen überhaupt nicht geht: die drei Stunden im Waggon herumzusitzen. Ein Stück wenigstens sollte man auf der Plattform verbringen und sich den Wind um die Nase

An dieser Stelle startet die Reise zum Brocken. Aber auch die Geschichte der Harzer Schmalspurbahn begann hier. 1912/1913 entstand der Bahnhof Nordhausen-Nord als Verwaltungsgebäude.

Katrin Köthe hat als Zugbegleiterin einen besonderen Dienst. Sie fährt von Nordhausen mit der Dampflok auf den Brocken und zurück. Einen Korb mit Schnäpsen wie dem Heizerschluck hat sie immer an Bord.

wehen lassen. Dabei kommt man um ein paar Rußpartikel von der Lok allerdings nicht herum. Daher: keine weißen Shirts!

Noch muss die Lok sich nicht groß anstrengen. Es geht nach Ilfeld. Dorthin schafft es sogar die Nordhäuser Straßenbahn. Ab hier aber geht es bergan, vorbei am Waldbad von Ilfeld und nach Netzkater. Die Bere, ein kleines Flüsschen, schmiegt sich ans Schienennetz. Im Frühjahr sorgt sie mit Hochwassern des Öfteren dafür, dass der Zug nicht ungehindert fahren kann.

Ein Stück weiter, in Eisfelder Talmühle, macht die Lok einen längeren Halt. Sie braucht frisches Wasser. Für die Passagiere eine willkommene Gelegenheit, ohne Gefahr auszusteigen und Fotos zu schießen.

Die Fahrt geht weiter durch Harzwälder und die weiten ebenen Wiesen um Benneckenstein. Orte mit merkwürdigen Namen wie Sorge und Elend passiert der Zug. Um endlich in Drei Annen Hohne anzukommen, einem schmucken Bahnhof. Von hier ist es eigentlich nicht mehr

Von den Plattformen zwischen den Waggons, die man betreten darf, sind gut Fotos zu machen, wie hier am Ilfelder Bad. Unser Tipp: weit hinten einsteigen. Umso mehr sieht man vom Zug.

Der Eckerlochstieg ist für Kinder ab etwa sechs Jahren ein toller Abstieg. Lene hüpft gern von einem Stein zum nächsten.

weit zum Blocksberg. Doch die Pause dehnt sich. Züge aus Wernigerode und vom Berg werden erwartet. Wer ein Bratwürstchen sucht, darf sich hier eines holen, ohne Angst zu haben, nicht mehr mitzukommen. Die Lok bekommt ein zweites Mal Wasser. Und Hobbyfotografen können gleich drei Fahrzeuge auf einmal sehen.

Läuft alles nach Plan, ist der Zug – ab hier in der Regel rappelvoll und mit einigen Holländern besetzt (sie lieben den Harz) – um 13.44 Uhr auf dem Brocken. Meist schafft er es nicht.

Der Berg bietet eine fantastische Aussicht, hat an Gastronomie und Unterkunft etwas zu bieten. Nur die ersten Schritte vom Bahnhof sollte man die Augen besser schlie-

Am Bahnhof in Drei Annen Hohne kann man sich die Füße vertreten. In der Pause treffen hier weitere Dampfzüge ein.

ßen. Die gastronomische Hüttenwirtschaft ist nicht schön anzusehen.

Nun müssen sich die Gäste allerdings entscheiden: kurz verweilen und zurück mit dem Zug? Oder hinunter laufen nach Schierke? Mit ein paar Minuten mehr Zeit. Auch mit der Kutsche ginge es noch bergab. Alles ist möglich, der Fußweg jedoch um den Preis, nicht die Dampflok zu erwischen. Triebwagen sind die spätere Alternative.

Ein besonders schöner Weg ist der durch den Eckerlochstieg. Er ist jedoch nur etwas für Menschen, die gut zu Fuß sind. Dieser steinige urige Abstieg, der dem Wasserlauf folgt, beginnt kurz nach (nicht vor!) dem Überqueren der Bahngleise der HSB. Nach etwa eineinhalb Kilometern geht es links auf den Weg zum Bahnhof Schierke.

Um 17.03 Uhr fährt von dort der letzte Zug gen Nordhausen. In Drei Annen Hohne wartet schon der Triebwagen – ein hübsches altes Modell – für die Weiterfahrt nach Eisfelder Talmühle. Dort holt uns der letzte Triebwagen ab. Gegen 19.15 Uhr trifft er in Nordhausen ein.

Natürlich geht das Ganze auch ein wenig schneller. Beispielsweise können Urlauber mit dem Auto nach Schierke oder Torfhaus fahren und von dort den Hausberg der Südharzer erkunden – per Bahn, Pferd oder zu Fuß. Und nicht entmutigen lassen vom Höhenunterschied: Brocken-Benno hat den Berg schon 7610 Mal bestiegen.

ÖFFNUNGSZEITEN & PREISE

HARZER SCHMALSPURBAHN

Die Fahrt auf den Brocken kostet von jeder Station einheitlich 37 Euro. Kinder unter 6 Jahre fahren frei. Täglich fährt um 10.24 Uhr eine Dampflok zum Brocken, Rückkehr in Nordhausen 17.39 Uhr.

GASTRONOMIE

Auf dem Brocken gibt es mehrere gastronomische Einrichtungen. Sie haben täglich geöffnet. Auch an der Bahnstrecke kann man einkehren, etwa in Netzkater, Eisfelder Talmühle und Schierke.

BROCKENMUSEUM

Das Brockenmuseum zeigt die Geschichte des Berges. Es ist 365 Tage im Jahr jeweils von 9.30 bis 17 Uhr geöffnet. Eintritt: 4 Euro; Kinder (6-16 Jahre): 2 Euro.

KUTSCHFAHRTEN

Mehrere Anbieter stehen am Brocken bereit, Anmeldung nicht nötig. Die Fahrt kostet 15 Euro für Erwachsene, 8 für Kinder.

DER DAMPFLADEN

Die Harzer Schmalspurbahnen betreiben im Bahnhof Nordhausen Nord einen Dampfladen. Er ist laut dem Unternehmen Montag bis Freitag von 8 bis 16 Uhr, Samstag und Sonntag jeweils von 8 bis 11 Uhr geöffnet.

MEIN TIPP

AB IN DIE WESTERNSTADT

Urlaub im Südharz endet nicht an den Grenzen des Landkreises Nordhausen. Deshalb haben wir auch erreichbare Ziele in der Nachbarschaft berücksichtigt. Doch nicht alle Attraktionen können wir benennen. Deshalb mein Tipp: Wenn Sie die Zeit haben, fahren Sie nach Hasselfelde über die B 81. Das Städtchen lockt jährlich tausende Besucher wegen Pullman City an, einer tollen Westernstadt. Wenige Kilometer weiter befindet sich die Rappbodetalsperre. Mit einem Seil können sich Abenteurer in 120 Metern Höhe über den See gleiten lassen.

Kristin Müller

Hinauf zur Burgruine Hohnstein und hinab zu den Neustädter Attraktionen

Golfen und Gondeln lässt sich im heilklimatischen Kurort. Das Waldbad bewahrte seinen Charme. Die Rolandfigur steht seit 1730 am Ratskeller

Was für ein Gemäuer, was für eine Einladung: Wer durch das um 1450 erbaute „Alte Tor" in Neustadts historischen Kern läuft, der kann direkt auf die Burgruine oben im Wald schauen.

Es zieht einen hinauf durch Tor-, Stein- und Burgstraße, vorbei an schmucken Fachwerkhäusern auf das Herrenhaus zu. Der Gondelteich bleibt – vorerst – links liegen, der Weg führt gen Wald über eine Streuobstwiese, manch-

Neustadt hat auch außerhalb des historischen Ortskerns viel zu bieten, etwa Golfplatz, Gondelteich, Bad und Burgruine.

Grafik: Andreas Wetzel / Thüringer Allgemeine © Stepmap, 123map • Daten: OpenStreetMap, Lizenz ODbL 1.0

mal grasen hier auch Kühe. Ein Pfad am Waldesrand mündet nach wenigen Metern in die Hauptstrecke zur Burgruine: ein breiter, recht steiler Weg, gesäumt von alten Buchen.

Gefällte Stämme laden wie einige Bänke zu einer Verschnaufpause ein – und weiter geht's: Nach der Spitzkehre und etwa einem Kilometer durch den Wald ist das Burgtor in Sicht, bald auch der urige Burggasthof.

Kai Prengel serviert hier seit 2001 „Gaumenfreuden und Hohnsteiner Spezialitäten", nicht nur für Mittelalterfreunde.

Weil das Anfang des 20. Jahrhunderts erbaute Wirtshaus für größere Feiern zu klein war, baute Prengel gerade einen Anbau daneben, natürlich an das alte Gemäuer angepasst. Im August 2015 öffnete das Lokal.

Etwas oberhalb des Gasthofs kann man ganz in die Historie eintauchen: Von der einst größten Burgenanlage im Harz ist zwar nur eine Ruine geblieben, nachdem kaiserliche Truppen diese im Jahr 1627 in Brand gesteckt hatten. Doch auch an dieser Ruine lässt sich die Struktur der

Kai Prengel ist seit 2001 Gastwirt auf der Burgruine Hohnstein. Historische Aufnahmen belegen, dass es den Gasthof schon vor mehr als 100 Jahren gab. Mitte August 2015 wurde der neue Anbau eröffnet.

Uneben sind die Pfade auf der Burgruine Hohnstein, so wie es in eine solche Anlage passt.

140 Meter langen und bis zu 68 Meter breiten Anlage erah-nen: Freigelegte Mauern lassen Unter-, Mittel- und Ober-burg erkennen, in den Burgbrunnen lässt sich wieder knapp 28 Meter tief hinabblicken. Steinig und holprig ist der Burg-hof, aber gepflasterte oder gekieste Wege würden auch nicht hierher passen.

DIN-gerecht ist eine Metalltreppe am Bergfried, der Aufstieg zur neuen Aussichtsplattform entsprechend sicher. Von dort lässt sich bei gutem Wetter bis zum 30 Kilome-ter entfernten Brocken blicken.

Im Tal liegt Neustadt, der kleine 1100-Einwohner-Ort mit dem großen touristischen Potenzial. Nur wo begin-nen? Im Waldbad? Nein, dort klingt der Tag am besten aus. Vielleicht am Gondelteich: Christel und Frank-Dieter Meyer verleihen hier Ruder- und Tretboote; über das an ihrem Kiosk erhältliche Fischfutter freuen sich auch die Enten im Teich.

Kinder, die sich beim Gondeln noch nicht ausreichend austoben konnten, finden gleich nebenan einen Spielplatz mit herrlich altmodischem Klettergerüst.

Mit einem Eis vom „Café König" lässt sich der Nachwuchs sodann durch die Burgstraße zum Roland locken: jener 3,31 Meter hohen Figur aus Eichenholz, die 1730 aufgestellt wurde. Neustadt hatte schon Ende des 15. Jahrhunderts sein Stadtrecht verliehen bekommen, der ursprüngliche Roland als Symbol eigener Gerichtsbarkeit aber war beim Stadtbrand 1678 zerstört worden.

Hobbyhistoriker Rupert Ströbele meint, der Stolberger Handwerksmeister Wallrodt habe den Rotbemäntelten geschaffen, so wie auch den Nordhäuser Roland. Die Ähnlichkeit beider Figuren ist unverkennbar. Nur steckt das Schwert des Neustädter Rolands noch in der Scheide, hebt dieser die rechte Hand zum Schwur: Zeichen dafür, dass Neustädter Ratsherren im Jahr 1678 die Rechte und Pflichten der Neustädter Bürger beim Grafen von Stolberg beschworen haben. Ältere Urkunden waren ja verbrannt.

Bild u.r.:
Bärbel Kettner lernte in ihrer Altersteilzeit das Golfen lieben: „So kann ich mich in wunderschöner Umgebung bewegen", sagt sie und schlägt Ball für Ball auf dem Neustädter Golfplatz.

Bild u.l.:
Die Knirpse vom Neustädter Kindergarten „Regenbogen" kennen ihren Roland schon ganz genau.

Das Eingangstor des Waldbades zeugt noch vom Eröffnungsjahr. Längst gibt es auch hier Planschbecken, Sprungtürme, Rutsche, Spielplatz und Volleyballplatz.

Ströbele erzählt noch gern eine Geschichte, die nirgends schriftlich fixiert ist, aber doch immer wieder weitergetragen wird: Ilfelder Bürger wollten wohl 1866 den Roland abtransportieren, nachdem die Preußen die Verwaltungsstelle des Burgamtes Hohnstein von Neustadt nach Ilfeld verlegt hatten. Natürlich scheiterte der Versuch, blieb der Roland an Ort und Stelle: vor dem Rathaus mit dem leider nun schon seit Jahren leer stehenden Ratskeller, schräg gegenüber der St.-Georg-Kirche.

Jenseits des „Alten Tores" zeigt sich Neustadt von seiner dem Modernen gegenüber aufgeschlossenen Seite: An der Herrenwiese entstand im Jahr 2004 ein Sechs-Loch-Golfplatz. Hier können die Bälle auf Bahnen von bis zu 190 Metern Länge fliegen. Wer diesen Sport betreiben will, muss die Platzreife erlangen – eine Schnupperstunde aber ist für jeden jederzeit möglich, sagt Platzwart Siegfried Renz. „Oder man probiert sich erst einmal beim Minigolfen aus." Die 18-Loch-Anlage hat Frank Pojtinger 2014 unterhalb der Burg eröffnet.

Das benachbarte, 1954 bis 1958 erbaute Waldbad ist wie nur wenige Bäder im Südharz in seiner historischen Substanz erhalten, trotz Sanierung vor einigen Jahren.

ÖFFNUNGSZEITEN & PREISE

GONDELN AM HERRENHAUS

Auf dem Gondelteich kann man Ruderboote entleihen (30 Min.: 5 Euro), zudem Tretboote (30 Min.: 6 Euro). Geöffnet ist der Verleih Montag bis Donnerstag von 15 bis 18 Uhr sowie Freitag bis Sonntag von 11 bis 18 Uhr, Tel. 036331/31738.

WALDBAD NEUSTADT

Das Bad hat von Mai bis Ende August täglich von 10 bis 20 Uhr geöffnet. Erwachsene zahlen 3 Euro Eintritt, 3- bis 16-Jährige 1,50 Euro. Die Dutzendkarte kostet 25 Euro (ermäßigt: 15 Euro).

GOLFEN IN NEUSTADT

Zum Schnuppern im Golfpark kann man sich unter Tel. 0171/217327718 anmelden. Die 18-Loch-Minigolfanlage unterhalb der Burg hat täglich ab 11 Uhr geöffnet, Erwachsene zahlen 2 Euro Eintritt (Kinder: 1 Euro). Tel. 0172/8253712.

BURGGASTHOF HOHNSTEIN

Dienstag bis Sonntag von 11 bis 22 Uhr geöffnet; Tel. 036331/49049.

CAMPINGPLATZ NEUSTADT

Fürs Zelt bis zu vier Personen beträgt die Standgebühr 3 Euro pro Tag, pro Person zudem 5,20 Euro (Kinder: 3,50 Euro). Anmeldung bis 21.30 Uhr unter Tel. 036331/479891.

MEIN TIPP

EINE SACKGASSE VOLLER CHARME

Die Burgstraße ist die Prachtstraße Neustadts: Wer ein Geschäft öffnen will, tut dies hier. Die Plankenstraße liegt abseitiger. Sie wurde vor Jahren zur Sackgasse, mündet nur noch auf den Parkplatz des „Neustädter Hofs". Genau das macht die Straße so reizvoll: Hier ist es seit Jahrzehnten gang und gäbe, dass die Anwohner ihren Vorgarten nicht mit hohen Zäunen abschirmen, sondern ihre Bank vors Haus stellen und von Weinlaub umranken lassen. Hier ist Ruhe zum Reden, mit Freunden und Nachbarn – und vielleicht auch mit Touristen.

Hans-Peter Blum

Auf den Spuren des Trinkwassers und einer verfallenen Burg am Fuße des Harzes

Am dritten Urlaubstag besuchen wir die Talsperre Neustadt, wandern zur Ruine Ebersburg und staunen über die älteste Gipskirche Deutschlands

Wanderer, kommst du in den Südharz, solltest du auf jeden Fall die Talsperre oberhalb von Neustadt besuchen. Diese hat sich aufgrund ihrer wunderschönen Lage zum Geheimtipp entwickelt. Sie zu erreichen, gibt es mehrere Möglichkeiten. Die beliebtesten Wanderrouten sind der längere „Weg des Wassers" und der kürzere „Kaiserweg".

Der Weg des Wassers führt weitestgehend an der Rohwasserleitung entlang, die die Stadt Nordhausen mit Trink-

Diese Tour führt in den Nordosten des Landkreises zur Talsperre, nach Herrmannsacker und nach Stempeda.

Grafik: Andreas Wetzel / Thüringer Allgemeine © Stepmap, 123map • Daten: OpenStreetMap , Lizenz ODbL 1.0

wasser versorgt. Er beginnt am Wasserwerk in der Alexander-Puschkin-Straße in der Nordhäuser Oberstadt und führt über Petersdorf, das Harzfelder Holz und den Rosenteich bis zur Talsperre. Er ist etwa elf Kilometer lang und für den ausdauernden Wanderer geeignet.

Der Kaiserweg beginnt in Neustadt am Parkplatz am Wiesenplatz an der Bushaltestelle. Zunächst wird der historische Ortskern durchquert, ehe es weiter durch naturnahe Buchenwälder bis zur malerisch gelegenen Talsperre geht. Dieser ist etwa vier Kilometer lang und auch für Familien gut zu bewältigen.

Nahe dem Westende der Staumauer befindet sich eine Stempelstelle der Harzer Wandernadel. Wichtig: Die Staumauer darf nicht von Gästen betreten werden, der asphaltierte Weg zwischen Neustadt und der Talsperre ist ebenfalls nicht öffentlich, die Nutzung für private Pkw demzufolge verboten.

Leider gibt es an der Talsperre keine Möglichkeiten zur Einkehr oder für einen Imbiss. Führungen durch die Staumauer sind nur an Tagen der offenen Tür vorgesehen.

Die 1905 oberhalb von Neustadt errichtete Talsperre ist meist gut mit Wasser gefüllt. Die Bögen an der Staumauer sind für die Entlastung bei Hochwasser vorgesehen.

Die sechsjährige Sophia Mainusch verwandelt sich in eine Prinzessin und stolziert über den Bergfried der Ebersburg oberhalb von Herrmannsacker. Diese aus dem 12. Jahrhundert stammende Burg ist seit vielen Jahren verfallen.

Die aus dem Jahr 1905 stammende Talsperre kann über 1,2 Millionen Kubikmeter Wasser anstauen und ist meist gut gefüllt. Auf einer Informationstafel des Wasserverbandes kann der Wanderer Interessantes über die Talsperre und die Trinkwasserversorgung der Region erfahren.

Der zweite Teil unserer Tagestour führt nach Herrmannsacker, nur wenige Kilometer von Neustadt entfernt. Vom Parkplatz der Sägemühle aus sind es nur gut zehn Minuten, ehe die Wanderer nach einem steilen Anstieg den Eingang der Burgruine Ebersburg erreichen. Von dort aus fällt in 387 Meter Höhe der Blick auf Herrmannsacker und bis hinüber zum Kyffhäuserdenkmal im Südosten.

Auch die Ruine ist in das System der Stempelstellen der Harzer Wandernadel einbezogen, und zwar als Nr. 100.

Seit 2006 kümmert sich der Verein für lebendiges Mittelalter um die Sanierung der Ruine und versucht, mit Hilfe von Bürgerarbeitern den Verfall der landkreiseigenen Burg so gut es geht aufzuhalten.

Der Verein führt auf der Ruine im Jahresverlauf mehrere Veranstaltungen durch. Bei Familien sehr beliebt ist das Ostereiersammeln, das immer am Ostersonntag stattfindet. Die Walpurgisnacht wird am 30. April ebenfalls auf der Ebersburg gefeiert. Für romantische Gemüter gut geeignet ist die Nachtwanderung, die immer vor dem Tag des Denkmals stattfindet. Im Oktober wird immer der Weihnachtswunschbriefkasten aufgehängt, der dann am zweiten Advent im Dezember geleert wird.

Führungen über das Gelände können beim Verein für lebendiges Mittelalter bei Hannelore Müller gebucht werden.

Nach dem Abstieg können die Touristen in der Gaststätte „Zur Sägemühle" einkehren, sich die Wildgerichte schmecken lassen und die riesige Tanzlinde im Biergarten bestaunen, die bereits den 30-jährigen Krieg im 17. Jahrhundert erlebt hat.

Dritte und letzte Station unserer Tagestour ist die St.-Moritz-Kirche in Stempeda am nordöstlichen Rand des Landkreises Nordhausen. Als älteste Kirche der Region und als wahrscheinlich ältester erhaltener Gipssteinbau Deutschlands ist dieses Kleinod von einer überregionalen Bedeutung.

Die Anfänge der in Ost-West-Richtung stehenden Kirche reichen bis in die romanische Bauperiode im 11. Jahrhundert zurück. Darauf lassen die Bauformen des östli-

Sandra und Roman Leuckefeld betreiben mit der Sägemühle die wahrscheinlich älteste Gaststätte des Landkreises in Herrmannsacker. Das Haus wurde 1574 gebaut.

Von außen befindet sich die bedeutende Sankt-Moritz-Kirche in Stempeda in gutem Zustand. Im Inneren wäre unbedingt ein neuer Anstrich erforderlich.

chen Chorturms und des Triumphbogens schließen. 1604 wurde die Kirche neu gebaut, wobei der Turmschaft der Vorgängerkirche genutzt wurde. Eine größere Renovierung ist für 1891 verzeichnet. Hierbei wurde das Turmdach komplett neu errichtet.

In der DDR-Zeit verfiel das Gotteshaus immer mehr, wurde 1967 gesperrt und sollte 1975 abgerissen werden. Doch der örtliche Feuerwehrchef weigerte sich. 1978 wurden Taufengel, Altaraufbau und Teile der Kanzel nach Steinbrücken gebracht.

Erst nach der Wende kam die Chance, das Gebäude zu retten. 1996 begann die Sanierung der Kirche, die 2004 neu eingeweiht wurde. Heute finden wieder Gottesdienste, Ausstellungen und kleinere Konzerte in dem Gebäude statt. Was fehlt, ist die malermäßige Ausgestaltung des Innenraumes. Leider war die Orgel nicht mehr zu retten.

ÖFFNUNGSZEITEN & PREISE

TALSPERRE NEUSTADT

Die Talsperre befindet sich 3,5 Kilometer oberhalb von Neustadt und kann von Touristen nur zu Fuß erreicht werden. Der 14 Hektar große Stausee kann umwandert werden, die Staumauer darf man nicht betreten.

RUINE EBERSBURG

Die aus dem 12. Jahrhundert stammende Burg findet man einen Kilometer nördlich von Herrmannsacker auf einem Berg. Der Burgfried ist frei zugänglich, Führungen bietet der Verein für lebendiges Mittelalter an, Kontakt: Tel. 0170/5823494.

ST.-MORITZ-KIRCHE IN STEMPEDA

Das aus dem 11. Jahrhundert stammende, aus Gipsstein errichtete Gotteshaus befindet sich in östlicher Randlage des kleinen Dorfes. An Wochenenden steht die Kirche offen, in der Woche kann sie aufgeschlossen werden. Eine Telefonnummer ist vorhanden.

GASTHAUS SÄGEMÜHLE

Die älteste Gaststätte des Landkreises (1574 erbaut) hat Montag und Dienstag Ruhetag. Von Mittwoch bis Sonntag ab 12 Uhr bietet die Familie Leuckefeld den Gästen eine gut bürgerliche Küche an.

MEIN TIPP

GULASCHSUPPE IM BROTTEIG

Wer nach einer ausgedehnten Wanderung hungrig ins Gasthaus „Zur Sägemühle" kommt, dem ist eine Spezialität des Hauses zu empfehlen: die Wildgulaschsuppe im Brotteig. Laut Wirt Roman Leuckefeld hat er die darin enthaltenen Steinpilze selbst im Wald gesammelt. Die Suppe schmeckt sehr würzig, das Brot ist knusprig.
Seit sieben Jahren betreibt die Familie Leuckefeld das historische Gasthaus am Fuße der Ebersburg. Neben der Gulaschsuppe liegt der Schwerpunkt der Küche auf Wildgerichten aus der Südharz-Region.

Thomas Müller

Wo die Störche zu Hause sind und der Südharz auch von unten schön ist

Die Heimkehle ist die größte Gipsschauhöhle Deutschlands. Sie liegt zwischen der Fachwerkstadt Stolberg und dem Fachwerkdorf Görsbach

Andreas Hammer ist ein Uftrunger Urgestein und kennt die Heimkehle wie seine Westentasche. Der Name Heimkehle soll nach der Form des natürlichen Eingangs in die Höhle (wie eine Kehle) entstanden sein.

Eine warme Jacke benötigen wir heute. Und einen Fotoapparat. Denn dieser Tag hält einige Superlative parat. Wir besuchen Deutschlands größte Gipsschauhöhle und die schönste Stadt im Südharz.

Am weißen Gold, dem Gips, kommen wir im Landkreis Nordhausen nicht vorbei. Ob die Gipskirche in Stempeda, der Gipskarstwanderweg, die auffälligen oberirdischen Abbaufelder bei Niedersachswerfen und Woffleben oder die natürlichen Aufschlüsse an vielen Wegen – der Südharz lebt mit dem Gips. Und streitet sich darüber, wie Ab-

Grafik: Andreas Wetzel / Thüringer Allgemeine © Stepmap, 123map • Daten: OpenStreetMap , Lizenz ODbL 1.0

bau und Tourismus künftig unter einen Hut zu bringen sind. Doch dazu mehr an Tag 12.

Welche Massen an Gips und Anhydrit in den Hügeln des Südharzes liegen, beweist Andreas Hammer jeden Tag. Er ist Führer in der Heimkehle, einer Höhle, deren Eingang bei Uftrungen liegt. Um 10 Uhr nimmt er die ersten Neugierigen mit unter die Erde. Bis zu vier Grad Celsius sind es dort. Glücklich der, der eine Jacke dabei hat.

Kinder ab drei Jahre dürfen mit durch die große schwere Holztür und den schmalen Gang. Sie bekommen einen kleinen gelben Helm. Für die Erwachsenen gibt es das Ganze ein paar Nummern größer. Freilich, die Helme schützen nur davor, nicht an die Felsen zu rempeln. Fiele so ein tonnenschwerer Stein herunter, sie wären ziemlich wirkungslos.

Über zwei Kilometer dehnt sich die Höhle unter dem Alten Stolberg, einem großen Waldgebiet, aus. 700 Meter davon sind begehbar. Andreas Hammer zeigt die bizarren

Unsere Tour führt von Nordhausen über Berga zur Heimkehle, nach Stolberg und auf dem Rückweg über Görsbach.

Die wunderschöne geschlossene Fachwerkstraße führt geradewegs zum Stolberger Schloss. Auf halber Höhe wartet ein Stadttor darauf, durchschritten zu werden.

Hohlräume, die das Wasser hinterlässt. Er hält im großen und im kleinen Dom, wo die Decke bis zu 23 Meter hoch ist. Darüber wuchern noch 46 Meter Felsen. „Stehen Sie alle gut?", fragt er manchmal. Und macht das Licht aus. Ein unglaubliches Gefühl. Erträglich nur, weil man weiß, das Licht wird wieder angehen. Wie müssen sich die gefühlt haben, die 1357 den natürlichen Eingang fanden?

Gips war für sie noch wertlos. Weder für den Hausbau noch für Zahnersatz brauchbar. Erst 1920 entdeckten Bauarbeiter die Heimkehle wieder. Ein offenbar unternehmungslustiger Mann namens Theodor Wienrich ließ in der Nähe ein Hotel bauen. Die Höhle passte ihm gut ins Konzept. Ein touristischer Magnet war geboren.

Wie alten Bildern zu entnehmen ist, lief das Ganze auch gut. Die Leute kamen und staunten. Erst die Nationalsozialisten beendeten 1944 dieses freudige Kapitel, beschlagnahmten die Höhle für ihren Rüstungswahn. Darüber werden wir an Tag 10 noch berichten.

In DDR-Zeiten ging es wieder aufwärts mit dem Tourismus. Doch viele, die damals kamen, würden die Höhle heute völlig anders vorfinden. Denn sie verändert sich täglich. Ein kleines Loch sei sie einmal gewesen, sagt Andreas Hammer. Täglich wird sie etwas größer.

Eine Stunde Erdgeschichte sind vorüber, die Besucher dürfen wieder ins warme Sonnenlicht. Ein paar Kilometer weiter nur, hinter Rottleberode, liegt das schönste Städtchen im Südharz. Stolberg ist eine Fachwerkperle, besticht mit fantastischen Hausfassaden, mit einem großen Schloss – das nach FDGB-Vergangenheit lange leer stand, aber nun wieder erblüht – und vielen gemütlichen Gaststuben.

Wer einigermaßen zu Fuß ist, sollte das Auto schon am Ortseingang (links liegt ein verlassener Bahnhof) abstellen und von dort durch die Fachwerkstraße schlendern. Auf dem Weg liegt links die Alte Posthalterei mit einem netten Laden. Darin gibt es heimische Produkte und Töpferwaren. Rechts ist ein Besuch des Werksverkaufs bei

Bild u.l.:
Vom Marktplatz führt die große Treppe zum Schloss in Stolberg. Juliane muss sich ganz schön konzentrieren.

Bild u.r.:
Mit einem Denkmal erinnert Stolberg seit 1989 an sein berühmtestes Kind, den Reformator Thomas Müntzer.

Friwi quasi Pflicht. Friedrich Wilhelm Witte gründete die Keksfabrik 1891. Ob die Kekse damals schon so gut schmeckten, wissen wir nicht. Heute sind sie eine echte Spezialität. Wie auch die Stolberger Lerchen, die es ein paar Häuser weiter kurz vor dem Stadttor zu kaufen gibt. Das sind Würstchen, die vorzugsweise zu Grünkohl und Salzkartoffeln serviert werden.

Auf dem Weg zum Schloss begegnen wir einem modernen, ungewöhnlichen Denkmal. Es zeigt Thomas Müntzer, umgeben von Heiligenfiguren. Der Reformator erblickte 1489 in Stolberg das Licht der Welt.

Ein paar Stufen, dann sind wir am Schloss. Wie überall hier ist der Eintritt frei. Stolberg ist auf Touristen bestens eingestellt.

Störche lieben Görsbach, jenes schöne Fachwerk-Bauerndorf in der Goldenen Aue. Jedes Jahr finden sie den Weg auf den Horst zurück. Ihr Tun wird sogar per Internet übertragen.

Nach dem Essen in einem der vielen Restaurants fahren wir – auf dem Rückweg nach Nordhausen – in Görsbach vorbei. Das Fachwerkdorf liegt mitten in der Goldenen Aue, einem äußerst fruchtbaren Landstrich mit weiten Feldern. Görsbach ist für sich schon sehenswert, weil es nicht übersaniert wurde. Aber es lohnt auch der Blick nach oben. Denn alljährlich nisten auf einem Schornstein in der Beethovenstraße Störche.

ÖFFNUNGSZEITEN & PREISE

DIE HEIMKEHLE

Die Höhle ist von April bis September von 10 bis 17 Uhr geöffnet, von Oktober bis März von 11 bis 16 Uhr. Es gibt im Eineinhalb-Stunden-Takt Führungen. Der Eintritt kostet 4,50 Euro für Erwachsene, 2,10 Euro für Kinder. Sie ist erreichbar von Berga und Rottleberode.

EINKEHRMÖGLICHKEITEN

Stolberg und Umgebung halten viele Lokale vor. Empfohlen seien der „Thyra Fuchs", eine etwas anspruchsvollere Gaststätte zwischen Berga und Uftrungen. Sie ist in der Woche ab 17 Uhr geöffnet, Freitag bis Sonntag ab 11.30 Uhr, und das „Gusto" in der Stolberger Hauptstraße, es ist wochentags ab 17, am Wochenende ab 12 Uhr offen.

DIE KEKSFABRIK

Friwis Werksverkauf ist täglich von 10 bis 17 Uhr geöffnet, ein dazugehöriges Café, ebenfalls in der Hauptstraße, Montag 11 bis 17, Dienstag bis Samstag 9 bis 18 und Sonntag 10 bis 18 Uhr.

DAS SCHLOSS

Der Eintritt im Schloss und in den Museen ist kostenfrei. Es ist Dienstag bis Freitag von 11 bis 16 Uhr, Samstag und Sonntag 11 bis 17 Uhr geöffnet.

MEIN TIPP

UNTERWEGS MIT DER POSTKUTSCHE

In der Niedergasse 50, der Hauptstraße von Stolberg, steht in der Alten Posthalterei eine 165 Jahre alte Postkutsche. Sie glänzt wie in ihren besten Zeiten und kann für Touren durch den Südharz gemietet werden. Angeboten werden eine Stadttour, die einen halben Tag dauert, eine Tagesreise mit Besuch der Heimkehle oder mehrtägige Reisen. Zu den sechs Innenplätzen können zwei Außenplätze gebucht werden. Allerdings ist das Ganze nicht sehr preiswert. Die halbtägige Fahrt kostet bereits 69 Euro pro Person. Anmeldung: Tel. 034654/81090.

Hans-Peter Blum

Im verträumten Hamma barfuß laufen und sich auf die Humboldtschen Spuren begeben

In der Goldenen Aue warten viele Überraschungen auf die Gäste. Die Bandbreite reicht von der lauten Motocross-Strecke bis zur stillen Vogelwelt

Wir beginnen unsere heutige Tour durch die Goldene Aue in Auleben, das sich seit 1993 Europadorf nennen darf, und schauen uns im Humboldtschen Schloss und im Museum Neuer Rüxleber Hof um. Bei unserem Besuch treffen wir auf eine 54-köpfige Reisegruppe vom Heimatverein Osterode im Harz und schließen uns einer Führung an.

„Das Besondere an Auleben sind seine vielen Rittergüter", sagt Harald Karnstedt vom Tourismus-Förderverein Goldene Aue. Sieben seien historisch verbürgt, so viele wie sonst nirgends in der Region. Auch beim Humboldtschen Schloss handele es sich um ein solches Rittergut. Dieses entstand 1518 als Jagdschloss des Sondershäuser Grafen von Schwarzburg. 1756 erwarb die Familie von Dacheröden das Anwesen. Caroline von Dacheröden lernte in Weimar den be-

Das Humboldtsche Schloss in Auleben wurde zuletzt Mitte der 1990er Jahre saniert.

Grafik: Andreas Wetzel / Thüringer Allgemeine © Stepmap, 123map• Daten: OpenStreetMap , Lizenz ODbL 1.0

rühmten Staatsmann Wilhelm von Humboldt kennen, verliebte sich in ihn und heiratete ihn 1791. Ein Jahr später zogen sie vom hektischen Weimar in die Ruhe der Goldenen Aue und lebten hier zwei Jahre.

Heute zeugt ein Humboldt-Zimmer im Schloss von dieser Zeit. 2010 wurde dort eine Humboldt-Ausstellung eingerichtet.

Direkt dem Schloss gegenüber liegt der Neue Rüxleber Hof. In diesem ehemaligen Rittergut lernt der Besucher das Kontrastprogramm zur Humboldtschen Gelehrsamkeit kennen, denn hier entstand 1997 ein besonderes Heimatmuseum.

„Wir zeigen Alltagsgegenstände wie Handwerkszeug, Küchenöfen, Musikinstrumente, Röhrenradios und russische Filmtechnik, die heute kaum noch jemand nutzt. Auch Fahrräder, Fernseher, Kinderspielzeug und Haushaltsgeräte sind zu sehen. Altes Handwerk wird hier wieder lebendig. Die ältesten Exponate sind 5000 Jahre alte Tonscherben aus dem Stausee Kelbra", berichtet Eckhard Haupt, der das Museum mit zwei weiteren Familien betreibt.

In die Goldene Aue führt diese Tour. Sie beginnt in Auleben, führt nach Hamma und zum Stausee Kelbra.

Einen wunderschönen Blick über die Goldene Aue bietet der Bismarckturm südlich von Auleben.

Doch Auleben hat noch mehr zu bieten. Jede Menge Natur und herrliche Wanderwege in der näheren Umgebung. Zum Beispiel der Spaziergang zum Bismarckturm. Dieser steht etwa 700 Meter südöstlich des Ortes. Der nur knapp acht Meter hohe Aussichtsturm wurde 1905 aus Sandsteinquadern errichtet.

Nach dem Rückweg stärken wir uns beispielsweise im Gasthof „Zur Goldenen Aue". Anschließend wartet etwas Besonderes auf den Touristen, er erlebt in der Idylle von Hamma ein nacktes Vergnügen. Das verspricht jedenfalls eine Schautafel, die am westlichen Ende des Ortes am Hammaer Bach hinter der Kaffeemühle steht. Dabei handelt es sich aber nicht um FKK, sondern um einen etwa 750 Meter langen Barfußpfad.

Dieser ist eine Wegstrecke, die dem Wanderer das Sinneserlebnis abwechslungsreicher Materialien wie Matsch,

Es kostet schon etwas Überwindung, die Schuhe auszuziehen und über kalte Steine und kühles Wasser zu laufen. Doch der Barfußpfad in Hamma liefert mit Sicherheit ein Sinneserlebnis der besonderen Art.

Hans-Jürgen Gerboth und Annette Oeller-Gerboth haben sich mit der Sanierung der alten Mühle in Hamma einen Traum erfüllt. Dort bieten sie Kaffee und Kuchen an.

Kiesel, Sand, Holzschnitzel und Zapfen bietet. Mit dem Barfußlaufen gönnt er sich eine natürliche Fuß-Reflexzonen-Massage.

Nach diesem Naturerlebnis bietet sich an den Wochenenden eine Einkehr in der benachbarten Kaffeemühle an. Hier hat sich das Architekten-Ehepaar Hans-Jürgen Gerboth und Annett Oeller-Gerboth seinen Traum erfüllt, indem es eine alte, verfallene Wassermühle auf Vordermann brachte und ein Café mit ganz besonderem Ambiente einrichtete.

Doch Barfußpfad und Kaffeemühle sind nicht die einzigen Besonderheiten, die Hamma zu bieten hat. Etwas außerhalb ist eine 1,2 Kilometer lange Motocross-Strecke zu finden, die einzigartig in der Region ist. Der Südharzer Motorsportverein Nordhausen kümmert sich um die Rennpiste

Jede Menge Staub wird an trockenen Tagen auf der Motocross-Strecke in Hamma aufgewirbelt. Hier finden auch internationale Enduro-Rennen statt.

und richtet dort Enduro-Wettbewerbe aus. Zudem werden Motorradkurse und Fahrten auf clubeigenen Maschinen angeboten.

Alternativ zum Abstecher nach Hamma können lohnenswerte Ziele in der Umgebung von Auleben besucht werden. Zum Beispiel die alte Kultstätte Numburg, die sich oberhalb der Naturschutzstation an den Solwiesen wenige Kilometer östlich von Auleben befindet. Und wer diesen Weg schon einmal eingeschlagen hat, landet bald am Stausee Kelbra. Dieses sechs Quadratkilometer große Hochwasserrückhaltebecken bietet eine Vogelvielfalt, wie sie nur selten anzutreffen ist. So sind hier unter anderem Seeadler, Fischadler, Wanderfalken und Kormorane zu sehen. Besonders beeindruckend ist diese Vielfalt während des Vogelzuges, wenn am Stausee Tausende Kraniche rasten und große Lerchen- und Finkenschwärme durchziehen.

Als Ausgangspunkt für unseren Tagesausflug bietet sich der Aufenthalt im Windehäuser Rosenhof an. Hier betreibt Familie Meyer ein Ferienhaus für sieben Personen sowie eine Ferienwohnung für vier Leute. Diese Unterkunft ist als besonders kinderfreundlich eingestuft, angeboten werden auch Massagen und eine Kneipp-Sauna.

ÖFFNUNGSZEITEN & PREISE

HUMBOLDTSCHES SCHLOSS

Das Schloss in Auleben kann nur auf Vereinbarung besichtigt werden. Wer an einer Führung teilnehmen möchte, meldet sich bitte unter Tel. 036333/ 600 56 oder 0176/291876 81 an.

MUSEUM NEUER RÜXLEBER HOF

Das Heimatmuseum in Auleben hat am Samstag und Sonntag von 15 bis 18 Uhr sowie in der Woche nach Vereinbarung geöffnet. Anmeldung unter Tel. 036336/60056 oder 0176/29187681.

EINKEHRMÖGLICHKEITEN

Die Kaffeemühle in Hamma hat nur am Samstag und Sonntag von 14 bis 18 Uhr geöffnet. Wer in Auleben gutbürgerlich essen möchte, ist in der Gaststätte „Zur Goldenen Aue" genau richtig. Das Gasthaus hat am Dienstag und Mittwoch Ruhetag, ansonsten ist es täglich ab 11.30 Uhr geöffnet.

URLAUB IM ROSENHOF

Ferien auf dem Bauernhof bietet die Familie Meyer in Windehausen an. Kontakt unter Tel. 036333/62729 oder mobil 0170/2322529, Fax: 036333/77853, E-Mail: meyers-landleben@t-online.de, Internet: www.meyers-landleben.de

MEIN TIPP

WANDERUNG ZU DEN KRANICHEN

Ein einmaliges Erlebnis ist die Kranichwanderung, die der Auleber Harzklub-Zweigverein jedes Jahr im Oktober mit zwei unterschiedlich langen Touren anbietet. Über 200 Wanderfreunde aus der Region und darüber hinaus kommen dann in die Goldene Aue, um sich das besondere Naturschauspiel von den Solequellen aus anzuschauen. Denn am Kelbraer Stausee befindet sich der größte Rastplatz der scheuen Vögel weit und breit. Bis zu 40 000 Kraniche tummeln sich hier für eine Weile, ehe sie in Richtung Süden aufbrechen.

Kristin Müller

Von einem goldenen Sarg, rasanten Karts und einem hölzernen Schneckenhengst

Wandern lässt sich in Bleicherode gut, etwa zum Waldhaus Japan mit der wertvollen Bildtapete. Die Wülfingeröder Kirche beherbergt einen rätselhaften Schatz.

Diese Tour beginnt im Bleicheröder Bergwerk und führt über Bleicherode und Obergebra nach Wülfingerode.

Dieses Industriedenkmal ist laut Landesdenkmalamt das bedeutendste der deutschen Kali-Industrie: Mehr als ein halbes Dutzend architektonisch einheitlicher Ziegelbauten aus der Jahrhundertwende bilden den obertägigen Teil des Bergwerks Bleicherode, jenem Unternehmen, das Bleicherode den Namen „Kalistadt" eintrug: Im Jahr 1899 wurde hier der erste Schacht geteuft, 90 Jahre später arbeiteten im Bergwerk Tausende Kumpel.

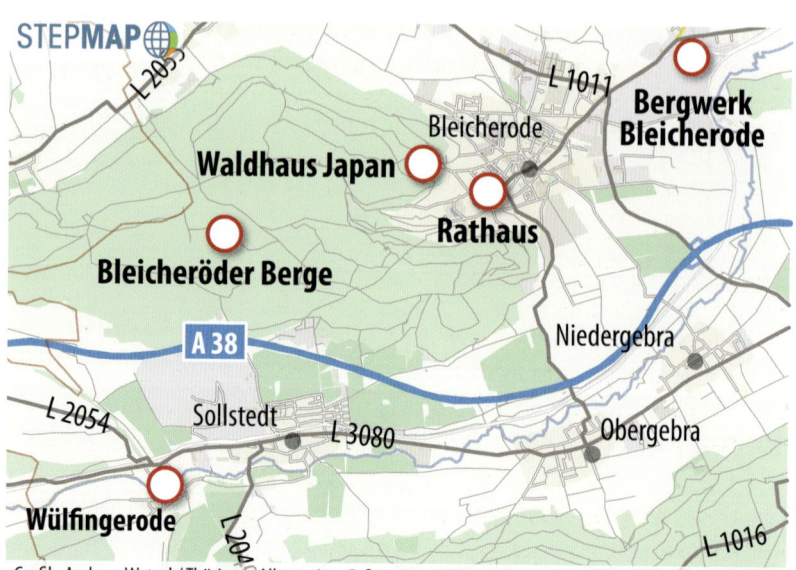

Grafik: Andreas Wetzel / Thüringer Allgemeine © Stepmap, 123map • Daten: OpenStreetMap , Lizenz ODbL 1.0

1990 war jedoch Schluss, heute verwahrt das Unterneh-men NDH-E die Schächte in und um Bleicherode. Und es erhält die mehr als 100 Jahre alten Ziegelbauten mit ihrer klaren Fassadengliederung, mit den vereinfachten neo-gotischen Schmuckelementen: Vorbildlich erhalten sind etwa das westliche Zechenhaus mit Uhrenturm, zwei För-dermaschinenhäuser und zwei Fördertürme, das Schacht-gebäude und das Mahlwerk.

Quer durch die Stadt muss von hier, wer in den Bleiche-röder Bergen wandern will: Auf 16 Quadratkilometern er-streckt sich der Wald, vornehmlich aus Buchen. Mehr als 40 Kilometer lang ist das Netz breiter Wanderwege, hinzu kommen scheinbar unzählige Pfade, die allerdings Ortsun-kundige sich verlaufen lassen können.

Ein guter Startpunkt ist der Platz „Drei Bänke" am obe-ren Ende der Talstraße, noch etwas hinter dem Schulland-heim „Schneckenhengst" gelegen. Von hier aus lässt sich auf einem schmalen Pfad zum Kuhbrunnen laufen, einer

Das Bergwerk in Bleicherode ist architektonisch ein Meisterwerk des Industriebaus. Tagsüber gelangen Interessierte mit Anmeldung an der Pforte auf das Gelände.

Brigitte Klein (rechts) und Margot Penseler vom Seniorenwanderverein lieben die Bleicheröder Berge, ihre Wandertouren führen oft am Kuhbrunnen vorbei.

schönen Rastmöglichkeit mit Schutzhütte und Waldschänke. Wer nicht viel Zeit hat, kann die Förster-Genzel-Straße zurück in den Ort nehmen. Doch auch längere Strecken bieten sich von hier aus an. Brigitte Klein vom Seniorenwanderverein schwärmt von einer acht Kilometer langen Rundtour: Durch das lange Tal geht es den unteren Kantenweg entlang bis zum Windolfskopf. Auf die Stadt und bis zum Harz lässt sich von hier aus blicken. Die nahe Löwenburg ist ein weiterer Aussichtspunkt. Von hier aus ist es keinen Kilometer mehr bis zum „Waldhaus Japan".

Dieses Gasthaus ist nicht nur traditionsreich – es beherbergt im Saal auch eine französische, mehr als 170 Jahre alte Bildtapete. Als Wandschmuck in einer bürgerlichen Gaststätte ist eine Tapete in dieser Größe einmalig.

Schäden durch Feuchtigkeit und Temperaturwechsel will die Großwechsunger Restauratorin Andrea Strietzel beheben: Die Tapete „Das Pferderennen" hat sie bereits 2011/2012 restauriert; von „Arcadien" sind erst drei der 18 Bahnen geschafft. Bei Restaurierungskosten von rund 5000 Euro pro Tapetenbahn aber ist dies auch bei großzügiger Förderung durch Staat und Stiftungen für die Eigentümerin der Gaststätte kein leichtes Unterfangen.

Gut gestärkt, lässt sich vom Waldhaus Japan über den Goetheweg und am Schwimmbad vorbei wieder ins Stadt-

zentrum wandern. Die Talstraße führt entlang des Stadt-
parks bis hinauf zu den „Drei Bänken".

Bleicherode allerdings sollte man nicht verlassen, ohne
einmal den hölzernen Schneckenhengst am Rathaus gesehen zu haben. Als solche werden die Kalistädter liebevoll
bezeichnet, weil die Bewohner der Stadt in der Not nach
dem Dreißigjährigen Krieg Schnecken züchteten, um sie
auf dem Leipziger Markt zu verkaufen.

Im etwa drei Kilometer von Bleicherode entfernten
Obergebra wird es sodann rasant. Axel Ziesche betreibt
hier am südlichen Ortsrand seit 2009 eine Kartbahn: Die
Elektrokarts bringen es hier auf bis zu 55 km/h, die Strecke in der Halle entlang von Reifenstapeln ist 220 Meter
lang. „Die Beschleunigung ist top, wie bei einem Turbo-
Diesel", sagt Ziesche.

Ruhe und Kühle indes empfängt denjenigen, der die Kirche von Wülfingerode an der Grenze zum Eichsfeld betritt.
Hier Gäste zu empfangen, ist Stephan Domann gewohnt. Er
ist Chef des Kirchenbauvereins – und er ist der Sohn des

Andrea Strietzel
(rechts) freute sich
2012, die Bildtapete
„Das Pferderennen"
im Waldhaus Japan
restaurieren zu
können. „Arcadien"
muss noch folgen.

Bild o.l.:
Die hölzerne Schneckenhengst-figur vorm Rathaus hat der Bleicheröder Bildhauer Kai Hartmann 2011 geschaffen.

Bild o.r.:
Dieser tolle goldene Sarg steht in der Wülfingeröder Kirche, ist aber leider noch unbekannt.

früheren Ortspfarrers Fritz Domann, der 1965 das Geheimnis um den sagenumwobenen „Goldenen Sarg" des Gutsherrn Hans von Bodenhausen (1606–1684) gelüftet hat.

Die Pfarrchronik in der Bleicheröder Superintendentur hatte nur einen Hinweis auf den Sarg enthalten: 1857, beim Abriss der alten Kirche, hatte jemand den Sarg laut Grabungsbericht gefunden und wieder beigesetzt. Nur wo? Der Erfurter Munitionsbergungsdienst, der die nahe Wipper absuchen wollte, fand im Juni 1965 die Antwort. Aus einer 1,40 Meter tiefen Gruft unter dem Mittelgang des Kirchenschiffs wurde ein vergoldeter Kupfersarg mit hölzernem Innensarg geborgen. Zehn der 24 Kupferplatten tragen Bibelsprüche und Familienwappen in Silbermalerei. Weshalb der Rittmeister Hans von Bodenhausen einen so prunkvollen Sarg bekommen hatte, bleibt allerdings ein Rätsel.

ÖFFNUNGSZEITEN & PREISE

WALDHAUS JAPAN

Zu bestaunen ist die Bildtapete zu den regulären Öffnungszeiten der Gaststätte: Dienstag bis Sonntag ab 11 Uhr, mindestens bis 20 Uhr, so die Wirtin. Tel. 036338/50582.

GOLDENER SARG

Die Kirche von Wülfingerode öffnet Stephan Domann auf Nachfrage, Tel. 036338/6440, E-Mail: service@autohaus-domann.de

KARTBAHN OBERGEBRA

Geöffnet ist das Kart-Center in der Schachtstraße Donnerstag von 14 bis 18 Uhr, Freitag von 17 bis 22 Uhr, Samstag von 10 bis 20 Uhr sowie Sonntag von 10 bis 18 Uhr.
Kinder (ab 1,30 Meter Körpergröße) zahlen für 15 Runden 10 Euro, Erwachsene für 20 Runden ebenfalls 10 Euro.
Kontakt: Tel. 036338/599652 oder mobil 0151/12134921.

EINKEHREN IN BLEICHERODE

Bürgerhof im Kulturhaus,
Tel. 036338/42355;
Altdeutsche Bierstube, Hauptstraße 59,
Tel. 036338/40191;
„Rumpelkiste" (Nostalgiekneipe),
Bahnhofstraße 44, Tel. 036338/60282;
Berliner Hof (Hotel), Hauptstraße 63,
Tel. 036338/42454.

MEIN TIPP

ALTE KANZLEI IN BLEICHERODE

Ohne den Förderverein stünde die „Alte Kanzlei" vielleicht schon nicht mehr: ein Fachwerkensemble aus dem 17. Jahrhundert, das Bleicherodes Hauptstraße zum Muss für Touristen macht. 2005 hatte besagter Verein den Gebäudekomplex erworben und binnen vier Jahren saniert. Heute beherbergen die Räume eine Bibliothek sowie Ausstellungen etwa zum jüdischen Leben in der Stadt, zur Webereigeschichte und der Entwicklung der Kartographie.

Sebastian Tauchnitz / Thomas Müller

Mittelalter pur in der Hainleite, ein dunkles Gewölbe und Affen im Wald

Vom ehemaligen Stammsitz der Grafen von Lare fahren wir heute ins herrliche Teichtal und weiter zum Rodeln und zu gefräßigen Affen

Sie ist der perfekte Drehort für Szenen aus dem Mittelalter. Tatsächlich verfilmte der Mitteldeutsche Rundfunk hier das Leben der Radegunde von Thüringen. Kein Langnese-Eis-Schild, keine Plastikpapierkörbe, nicht einmal Plastestühle gibt es hier. Nur Natur und alte Steine. Und natürlich jene romanische Doppelkapelle, von denen es in Deutschland nur ein Dutzend gibt.

Unsere Hainleite-Tour führt uns von der Burg Lohra über Münchenlohra und Hainrode zum Straußberg.

Wir befinden uns auf der Burg Lohra, an der Straße von Bleicherode nach Mühlhausen gelegen, auf einem Bergsporn der Hainleite. Dieser kleine bewaldete Gebirgszug

Grafik: Andreas Wetzel / Thüringer Allgemeine © Stepmap, 123map • Daten: OpenStreetMap , Lizenz ODbL 1.0

begrenzt den Landkreis Nordhausen nach Süden hin. An ihn schmiegt sich das Wippertal, bevor schließlich der Harz hoch aufragt.

Die Kapelle auf Burg Lohra ist in der Regel geöffnet und bietet an heißen Tagen neben ihrer Schlichtheit auch etwas Kühle. Wer genau sucht, der findet schnell einen dunklen Keller hinter dem Kirchlein. Darin können Kinder – und vielleicht auch Erwachsene – beweisen, wie viel Mut sie haben.

Leider ist der Rest der Burg kaum zugänglich, und die Kehrseite der schönen Verlassenheit wird offenbar: Es gibt keinerlei Versorgung, keine Toilette.

Wer Lohra gesehen hat, den früheren Stammsitz der Grafen von Lare, der sollte die drei Kilometer hinunter nach Münchenlohra nicht scheuen – zu Fuß oder auch bequem mit dem Auto. Dort nämlich steht quasi die Fortsetzung der Burg – eine Pfeilerbasilika, die ebenfalls aus dem 12. Jahrhundert stammt.

Das Bauwerk, ehemals zu einem Kloster gehörig (daher der Name Münchenlohra), ist ebenso schlicht wie schön. Vor Kurzem ließ die Gemeinde die Halbkrypta wieder an-

Burg Lohra mit der wertvollen Doppelkapelle (Mitte) ist sehr unberührt. Auf dem Burghof kann man schön picknicken. Die Kehrseite: Das Gemäuer weist etliche Risse auf.

Die Neustädter Restauratorin Anja Pohl (rechts) malte 2014 die Halbkrypta in der romanischen Pfeilerbasilika Münchenlohra wieder in den schönsten Farben aus.

Der Flügelaltar der Pfeilerbasilika Münchenlohra kehrte 2014 restauriert an seinen Platz zurück.

malen – so wie sie einst war. Und wer genau hinschaut, wird an den Wänden einige Muster sehen, die er schon in der Doppelkapelle fand, beispielsweise ein Schachbrettfries aus Stein.

Die Wiese vor der Kirche eignet sich wunderbar für ein Picknick. Wer ein serviertes Mittagessen bevorzugt, kann aber auch schon nach Hainrode weiterfahren. Auf dem

Weg dorthin sehen wir einen Findling am Abzweig nach Wollersleben. Diesen „Hünstein" soll der Sage nach ein Hüne von der Wöbelsburg, einer Anhöhe in der Hainleite, ins Tal geschleudert haben.

Durch Hainrode geht es hinauf in einen wunderschönen Bergkessel. Es ist das Teichtal. Seit langer Zeit warten hier ein Campingplatz, ein Freibad und ein Restaurant auf die Besucher. Dem gesellte sich ein Märchenpark hinzu, der allerdings noch ausbaufähig ist.

Theoretisch kämen wir zu Fuß durch den Wald an unser nächstes Ziel. Aber auch mit dem Auto überquert man unmerklich schnell die Grenze zum Kyffhäuserkreis. Der Ferienpark Feuerkuppe liegt dort.

Das ehemalige Pionierlager ist ein Phänomen. Als der Kreis es nach der Wende in seine Trägerschaft übernahm, dachten nicht wenige, dass das nicht lange überleben wird. Doch die Bungalows wurden nach und nach saniert, immer neue Attraktionen geschaffen – seit ein paar Jahren schreibt die Anlage Jahr für Jahr neue Übernachtungsrekorde.

Abgeschottet ist sie freilich nicht – der größte Teil der Einrichtungen kann auch von Tagesgästen genutzt werden. So auch die Mittagsverpflegung. Keine Sterneküche zwar, aber gute Hausmannskost wird im Speisesaal angeboten. Was zumindest für die Elterngeneration ja auch eine

Das Teichtal bei Hainrode eignet sich mit seinen geschlängelten Straßen, umgeben von Wäldern und Gewässern, gut für Inlineskater und Radler. Jan Breunik hat die Pisten schon ausprobiert.

Im Affenwald auf dem Straußberg treffen Besucher auch auf diese gefräßigen Kattas.

durchaus nostalgische Zeitreise sein kann – besonders, wenn es Nudeln mit Feuerwehrsoße gibt.

Genauso gut ist es aber auch möglich, einfach ein Picknick auf der Anlage zu machen. In den Korb sollten dabei natürlich frische Produkte aus der Region wandern – Knackwurst und Käse, frisches Obst und Gemüse, das man teilweise direkt vom Erzeuger auf dem Nordhäuser Wochenmarkt kaufen kann.

Frisch gestärkt, können sich die Kinder dann auf dem Gelände austoben, während sich die Eltern zwischen 14.30 Uhr und 18 Uhr im Café des Ferienparks verwöhnen lassen. Absoluter Höhepunkt der Anlage ist der nagelneue 21 Meter hohe Kletterturm. Irgendwann muss die Rasselbande dann aber wieder eingefangen werden. Familien ohne Kinder machen einen Abstecher zur Burg Straußberg, die sich durchaus romantisch im Wald versteckt, alle anderen rollen einfach nur den Berg herunter zum „Affenwald".

Silvio Dietzel und seine Leute halten hier auf insgesamt vier Hektar insgesamt 80 Affen – Berberaffen, Kattas, schwarzweiße Varis – und ein Känguru. Und haben so manche spannende Geschichte zu erzählen. Fragen Sie doch einfach mal nach der mörderischen Esther oder Pauls Sommertour im vergangenen Jahr – bevor sie noch zur Rodelbahn gehen.

ÖFFNUNGSZEITEN & PREISE

DAS TEICHTAL

Die Waldgaststätte ist täglich ab 11 Uhr geöffnet und bietet deutsche Küche an. Es gibt einen Bootverleih, der täglich von 11 bis 18 Uhr geöffnet ist. Eine Stunde Rudern kostet 6,50 Euro. Auch das Freibad mit großer Rutsche öffnet 11 Uhr. Der Märchenpark ist außerhalb der Ferien in Thüringen nur an den Wochenenden zugänglich.

CAMPEN AN DER HAINLEITE

Campingplatz Teichtal: Tel. 036334/53429
Campingplatz Nohra: Tel. 036334/53807.

AFFENWALD STRAUSSBERG

Geöffnet täglich 9 bis 18 Uhr
Eintritt: Erwachsene 5 Euro,
Kinder bis 13 Jahre 4 Euro.

SOMMERRODELBAHN

Geöffnet täglich in der Saison von 9 bis 18 Uhr;
Eintritt: Erwachsene 2 Euro , 6er-Karte 10 Euro; Kinder 1,50 Euro, 6er-Karte 7 Euro.

FERIENPARK FEUERKUPPE

50 moderne Bungalows; zehn bis 12 Betten; Sanitärgebäude mit Duschen (Toiletten in den Bungalows), Übernachtungen zwischen 4,30 Euro (Zeltplatz) und 16 Euro (Komfortbungalows); Ferienpark kann kostenfrei besichtigt werden, einzelne Einrichtungen nur gegen Gebühr.

UNSER TIPP

MÜNCHENLOHRA IN DER OBSTZEIT

Wer die Zeit hat, sollte nicht gleich wieder ins Auto steigen, nachdem er sich die Pfeilerbasilika angeschaut hat. Von der Kirche lohnt es sich in alle Himmelsrichtungen, ein Stück zu wandern. Besonders reizvoll ist dies in der Kirschenzeit. Dann hängen die Bäume in den umliegenden Obstplantagen voller saftiger Früchte. Auch wenn die Pflaumen, Äpfel und Birnen reif sind, hat man beste Chancen. Die Plantagen hier sind zwar in privater Hand, werden aber nicht extensiv bewirtschaftet. Ein paar Kirschen zu pflücken, wird niemandem verboten.

Hans-Peter Blum

Zur Puppenausstellung ins Heringer Schloss und zu seltenen Bäumen im Park Hohenrode

Wir besuchen das Renaissance-Schloss in der Goldenen Aue, das an eine Trutzburg erinnert. Der zweite Teil der Tagestour führt nach Nordhausen

Schon von Weitem ist das Schloss Heringen gut zu erkennen. Es wurde 1322 als eine Trutzburg errichtet und im 16. Jahrhundert in ein Renaissanceschloss umgebaut. Nach der umfassenden Sanierung, die immer noch nicht ganz abgeschlossen ist, hat das Schloss ein schönes Äußeres erhalten und erstrahlt in einem hellen Weiß.

Unsere Tour startet in Heringen, führt dann über Uthleben zurück nach Nordhausen in den Park Hohenrode.

Ein Besuch ist allein schon wegen der Vielfalt der Museen lohnenswert, wobei diese sich auf vier der sechs Eta-

Grafik: Andreas Wetzel / Thüringer Allgemeine © Stepmap, 123map • Daten: OpenStreetMap , Lizenz ODbL 1.0

gen des Alten Schlosses erstrecken. Sehr sehenswert ist in der zweiten Etage die große Ausstellung über Gräfin Clara von Schwarzburg, geborene Herzogin von Braunschweig-Lüneburg, die das (neue) Schloss von 1578 bis 1658 als Witwensitz nutzte. Noch bis November 2015 ist dort zudem eine Sonderausstellung über das Leben der Familie der Gräfin zu sehen.

Die dritte und vierte Etage sind der Heringer Stadtgeschichte gewidmet. Hier ist ein Tante-Emma-Laden zu sehen, gibt es eine Landarztpraxis inklusive einer Ausstellung zum Landambulatorium. Ein weiterer Raum steht für wechselnde Ausstellungen zur Verfügung. Höhepunkt der vierten Etage ist die Puppenausstellung, die vor allem von den Damen immer wieder gern besucht wird. Weiter sind hier ein Wohnzimmer und eine Küche aus dem Jahr 1940 zu sehen sowie als Leihgabe das Himmelbett der Landgräfin von Haferungen.

Wer gut zu Fuß ist, kann auch noch die 5. und 6. Etage im Dachgeschoss erklimmen. In der 5. Etage wird das Tischler- und Schusterhandwerk gezeigt sowie eine kleine Uhrensammlung. Und ganz oben wird die umfangreiche Sanierung des Schlosses seit 2003 im Rahmen einer Bild-

Nach der Sanierung der Außenfassade kann sich das Heringer Schloss wieder sehen lassen. Seit 2003 flossen etwa zehn Millionen Euro in die Wiederherstellung des wuchtigen Renaissance-Bauwerkes.

Klaus Moser von der Interessengemeinschaft des Heringer Schlosses zeigt auf die Wandmalereien im Bankettsaal.

dokumentation gezeigt. Von den Zwerchhäusern der Nordseite hat man einen sehr schönen Panoramablick in die Goldene Aue bis Berga.

Das Neue Schloss entstand 1570 als Wohnhaus der Grafen Schwarzburg-Frankenhausen. Das Erdgeschoss wird derzeit saniert. Hier soll in Zukunft ein Café oder Restaurant seinen Platz finden. In der ersten Etage befinden sich Büroräume, und im zweiten Stockwerk ist die Pension der Raphael Studienstätte beheimatet. Diese hat fünf Zimmer mit zehn Betten und einen Tagungsraum. Die Besonderheit: Fernseher und Radio gibt es nicht, da dies ein Ort der Stille und Erholung sein soll. Eine LAN-Verbindung ist allerdings vorhanden. Ein Frühstück ist ebenfalls erhältlich.

Wer nach dem Besuch des Schlosses nach etwas Abwechslung und vor allem einer Abkühlung sucht, dem ist der Besuch des Freibades in Uthleben zu empfehlen. Das erst kürzlich modernisierte Bad liegt einen Kilometer südlich des Ortes direkt am Fuße der Windleite und verfügt neben einem Planschbecken für die Kleinen über ein großes Becken für Schwimmer und Nichtschwimmer.

Der zweite Teil des Tagesausfluges führt uns zunächst in den Nordhäuser Stadtpark. Seit dem 1. Mai dieses Jahres

Mandy Hoffmann betreibt das Café Zollhäuschen am Nordhäuser Stadtpark.

betreibt dort Mandy Hoffmann das Café und Restaurant „Zollhäuschen", wo sie kleine Speisen und leckeren Kuchen anbietet.

Gut gestärkt begeben wir uns in den benachbarten Park Hohenrode. Diese zehn Hektar große Gartenanlage wird von Experten wegen ihrer über 200 Baumarten als herausragendes Zeugnis einer Gartenbaukunst bezeichnet, wie es sie kein zweites Mal in Thüringen gibt.

Der Gartenpavillon im Park Hohenrode ist ein typisches Zeichen der Baukunst von Heinrich Siesmayer, der den Park 1874 im Auftrag von Carl Kneiff plante und baute.

Fördervereinschefin Gisela Hartmann steht an der Hinterseite der Kneiffschen Villa und verweist auf den Baufortschritt an der unteren Terrasse. Es gibt noch viel zu tun, um das Haus zu sanieren.

Es ist keine zwei Jahrzehnte her, da war Hohenrode fast vergessen und so gut wie aufgegeben. Der Park ist damals von der Herkulesstaude überwuchert, die Villa dem Verfall preisgegeben. Nachdem 1990 das Lehrerbildungsinstitut ausgezogen war und die Erben der Familie Kneiff ihren Besitz nur für einen siebenstelligen Betrag verkaufen wollten, schien es keine Rettung mehr zu geben.

Das wollte Gisela Hartmann nicht hinnehmen. Die Nordhäuserin gründete mit anderen 2005 einen Förderverein, dieser kämpfte gegen den Verfall an. 2010 wird ein Meilenstein erreicht: Am 20. August geht Hohenrode in den Besitz der eigens dafür gegründeten Bürgerstiftung Park Hohenrode über.

Seither arbeiten die Mitglieder des Fördervereins jeden Tag im Park, um diesen wieder auf Vordermann zu bringen. Das Kutscherhaus ist saniert, hier lädt ein Café regelmäßig zu Veranstaltungen ein. Bei der Villa ist allerdings noch einiges zu tun. Nutzungsideen gibt es längst: Das Obergeschoss der Villa könnte Gästeetage werden, sagt Hartmann. Ein Geschoss darunter seien Büros rund um den Festsaal vorstellbar. Das Erdgeschoss eigne sich für Familienfeiern, Konferenzen und Workshops. Die Villa soll, so ist der neue Plan, im Jahr 2021 in neuem Glanz erstrahlen. Dann nämlich lädt Erfurt zur Bundesgartenschau, und Hohenrode ist einer von elf Thüringer Außenstandorten.

ÖFFNUNGSZEITEN & PREISE

SCHLOSS HERINGEN

Das Schloss und seine Museen haben von Dienstag bis Freitag von 9 bis 14 Uhr sowie am Samstag und Sonntag von 14 bis 17 Uhr geöffnet. Am Montag ist geschlossen. Der Eintrittspreis beträgt 3,50 Euro für Erwachsene und 2 Euro für Kinder.

PENSION IM SCHLOSS HERINGEN

Ein Einzelzimmer in der Raphael Studienstätte kostet ab 40 Euro je Übernachtung, das Doppelzimmer ist ab 30 Euro zu beziehen. Tiere sind nicht erlaubt. Fernsehen und Radio gibt es nicht, aber eine LAN-Verbindung.

FREIBAD UTHLEBEN

Das Bad hat in den Ferien von 12 bis 19 Uhr geöffnet, sonst von 13 bis 19 Uhr. Der Eintritt beträgt 2,50 Euro für Erwachsene und 1,50 Euro für Kinder.

CAFÉ ZOLLHÄUSCHEN

Das Café hat in der Woche von 12 bis 17 Uhr und an den Wochenenden von 13 bis 18 Uhr geöffnet. Am Montag ist Ruhetag.

KUTSCHERHAUS IM PARK HOHENRODE

Im Kutscherhaus im Park Hohenrode befindet sich ein Café, das jeweils zu den Veranstaltungen im Park geöffnet hat.

MEIN TIPP

GONDELN IM STADTPARK

Am nördlichen Ende des Nordhäuser Stadtparkes befindet sich der Gondelteich. Dort können sich die Besucher Gondeln ausleihen und mit diesen auf den kleinen Teich fahren. Dies ist gerade bei frisch verliebten Paaren eine gern genutzte Abwechslung zum Alltag.

Bei jungen Familien besonders beliebt ist der große Spielplatz im Stadtpark, auf dem sich die Kinder nach Herzenslust austoben können. Die Eltern sitzen in dieser Zeit auf den Bänken und können so das Treiben der Kleinen immer im Auge haben.

Kristin Müller

Von einer einmaligen Ahornsammlung und gefilzten Überraschungen im Wald

Vom Ahornpark geht es über den Sagenpfad zur „Langen Wand", um sodann in den Kiesteichen abzutauchen und am Abend im Theater zu sitzen

Schnörkellose Holzbalken, daneben Ziegelmauern: Der Eingang zum Ilfelder Ahornpark zieht in seiner schlichten Schönheit die Blicke auf sich und lässt doch wirken, was sich anschließt: eine gestaltete Landschaft besonderer Art. 270 verschiedene Ahornbäume wurden hier gepflanzt.

Wer sich im Herbst zur Laubfärbung aufmacht, vom St.-Georgs-Platz in Ilfelds Zentrum über Obertor und Bleichenköpfchen vorbei am Friedhof in den Park am Waldesrand kommt, kann eintauchen in ein wahres Farbspektakel.

Im Sommer fasziniert die Vielfalt der Blattformen und Baumgrößen, fasziniert die Komposition des Parks, fasziniert die Ruhe dieses Fleckchens Erde.

Judith Hesse ist gern im Ilfelder Ahornpark, hat mit anderen einen Förderverein gegründet für die inzwischen rund 270 Ahornbäume umfassende Sammlung.

Grafik: Andreas Wetzel / Thüringer Allgemeine © Stepmap, 123map• Daten: OpenStreetMap , Lizenz ODbL 1.0

Der Ellricher Gärtnermeister Marco Müller-John hatte die Idee für die Ahornsammlung im Jahr 2006, Dutzende Baumpaten konnte er gewinnen. Allein aber war er mit der Pflege überfordert. Viele schimpften – manche entschlossen sich, mit anzupacken: Seit September 2014 gibt es den Ahornpark-Förderverein. Spuren hat dieser längst hinterlassen. Die Jungbäume sind ordentlich eingefasst, es gibt eine Spielecke für Kinder und zahlreiche Bänke zum Verweilen. Der neue Zaun, der vor Wildverbiss schützen soll, ist glücklicherweise recht unscheinbar, so dass der Blick schweifen kann auf die Wiesen und Felder am Fuße des Harzes.

In eine andere Richtung aber locken gefilzte Ahornnasen an einem stattlichen Feldahorn: Der Harzer Sagenpfad mit seinen gefilzten Kunstwerken ist auf dem Burgberg, keinen Kilometer vom Ahornpark entfernt.

Der knapp zwei Kilometer lange Weg schlängelt sich hoch aufs Plateau, wo noch die alten Grundmauern der Ilburg stehen. Man ist mitten in Ilfeld und doch weit weg von der Geschäftigkeit des Alltags. Hier ist dichter Buchenwald, hier ist die Welt der Sagen. Dass es derer aus Ilfeld

Unsere Tour beginnt in Ilfeld. Speisen lässt sich zwischendurch gut in Netzkater, bevor es nach Nordhausen geht.

Manche Sagenpfad-
Besucher träumen
schon von Spinnen
und ihren Netzen,
sagt Ulrike Tuschy.

und dessen näherer Umgebung einige gibt, kann erfahren, wer an den gefilzten Figuren stehen bleibt, an Tafeln die alten Geschichten von Mönchen, Waldgeistern, Riesen und Zwergen liest.

Die Idee für den Sagenpfad hatte Ulrike Tuschy, die in ihrem Färberhof seit Langem Schafwolle aus der Region mit Naturfarben färbt und filzt. Wert legte sie darauf, Geschichten nicht bloß nachzustellen. Vielmehr sollen die Kunstwerke die Fantasie anregen: Also hängen für die acht Zwerge nur symbolisch acht Zipfelmützen, sind vom Riesen nur ein großer Fuß und ganz oben im Geäst eines Baumes ein Kopf zu sehen.

Viele ließen sich von Tuschys Filzleidenschaft anstecken, auch Schüler der nahen Grundschule. Andere waren bereit, vor der Kamera die ein oder andere Sage nachzuspielen. Mittels QR-Code auf den Hinweistafeln am Pfad findet man die Kurzfilme nun im Internet.

Nicht die Welt der Sagen und Legenden, sondern die tatsächliche Geschichte steht im Mittelpunkt des Schaubergwerks „Lange Wand".

Wie vor etwa 320 Jahren Kupferschiefer abgebaut wurde, erfährt man auf dem etwa 300 Meter langen Rundgang durch drei Stollen. Nur auf leichtem Gefälle geht es zum früheren Abbaufeld: Kupfer liegt an dem Ilfelder Gebirgsrücken sehr weit oben. Entlang des Stollens im Berg zieht sich ein schmales Band der plattigen Kupferschieferschicht.

Der Blick verharrt auf bunten Flecken am Gestein: Rostbraun ist das Eisenerz, braun bis schwarz das Manganerz. Azurit schimmert nicht weit von hier entfernt kräftig blau, Malachit grün. Auf so engem Raum ist diese Erzvielfalt selten zu sehen.

An einer hüfthohen Mauer ist plötzlich Schluss: Dahinter schimmert Wasser, ein Stausee. In den 1970er-Jahren war die Staumauer gebaut worden, damals gab es den Bergbau schon etwa ein Jahrhundert nicht mehr. Man wollte einen Trinkwasserspeicher anlegen. Denn das Bergwerk war als Katastrophenschutzraum für Mitarbeiter der nahen Bergsicherung gedacht, erklärt Andreas Schubert, Mitglied der Bergwerks- und Wanderführergruppe Ilfeld-Wiegersdorf, die das Bergwerk ehrenamtlich betreibt. Seit 1999 ist es als Schaubergwerk öffentlich zugänglich.

Die Erzvielfalt auf so engem Raum ist einmalig, heißt es über das Ilfelder Schaubergwerk „Lange Wand". Gern führen die Vereinsmitglieder durch drei der einst sieben Stollen.

Am Bielener Kiesteich ist Wassergaudi garantiert. Von einem Steg kann man ins kühle Nass springen.

Nach dem Acht-Grad-Celsius-Erlebnis untertage geht es weiter nach Nordhausen: Das Wasser der Bielener Kiesteiche ist viel wärmer, sommers oft über 20 Grad Celsius. Das Strandbad lockt mit FKK-Strand und Kinderspielplatz, dessen Sand bis ins Wasser reicht und so richtige Strandatmosphäre für die Kleinen aufkommen lässt. Ansonsten führt der Weg ins Wasser über eine Wiese und das steinige Ufer. Richtig auspowern kann man sich obendrein auf Volleyball- und Beachvolleyballplatz.

Wer abends nur noch sitzen mag, findet im Nordhäuser Theater vielleicht ein schönes Stück: Musical, Oper, Ballett, Schauspiel und Konzert stehen auf dem Spielplan des im Jahr 1917 erbauten Hauses an der Promenade. Mehrere 100 Vorstellungen sind es pro Spielzeit.

Das Nordhäuser Theater wurde nach den Plänen des Architekten Gustav Ricken gebaut und 1917 eröffnet. Theresa Müller aus Nordhausen ist auch heute noch fasziniert von dem Bau, hier mit ihrer Tochter Everly.

ÖFFNUNGSZEITEN & PREISE

LANGE WAND
Führungen jeden Samstag 14 Uhr.
Tel. 036331/46286; Eintritt für
Erwachsene und Kinder ab 12 Jahren:
3,50 Euro (6-11 Jahre: 2 Euro).

NETZKATER
Das „Wirtshaus" hat täglich 11 bis 21 Uhr
geöffnet, Tel. 036331/477190.
Das Lokal „Zur Harzbahn" ist außer
Montag und Freitag von 11 bis 17.30 Uhr
geöffnet.

AHORNPARK
Am Obertor gelegen, ist der Park
ganzjährig frei zugänglich. Weitere
Informationen unter Tel. 0173/6952646.

HARZER SAGENPFAD
Der Pfad mit den gefilzten Figuren
in Ilfelds Zentrum ist ganzjährig frei
zugänglich. Von der Burgstraße sowie
der Straße Am Burgberg ist der
Sagenpfad zu erreichen. Informationen
unter Tel. 036331/50935.

THEATER NORDHAUSEN
Informationen und Karten unter
Tel. 03631/62600.

STRANDBAD BIELEN
Geöffnet ist der bewachte Kiesteich-
strand täglich bis 20 Uhr. Eintritt 3 Euro
(ermäßigt: 1,50 Euro).

MEIN TIPP

NETZKATERS GASTRONOMIE

Es sind zwei Welten: Im Lokal „Zur Harzbahn" kann man Soljanka oder Wildschweinbraten
quasi direkt am Gleis der Harzquerbahn genießen, in einer Atmosphäre, wie man sie
noch aus den 80ern kennt: Nicht jedes Mobiliar wurde hier nach der Wende ausgemus-
tert, manches überdauerte die kurzlebigen Trends.
Wenige Meter weiter, an der Kreuzung von B 4 und B 81, wurde eine Gaststätte 2014
neu gebaut: ganz aus Holz, urgemütlich mit Bullerjahn-Ofen. Auch im „Wirtshaus zum
Netzkater" gibt es Harzer Hausmannskost.

Thomas Müller

Es geht auch (fast) ohne Geld: Ein Dom, viele Türme und die Geschichte der V 2

Die KZ-Gedenkstätte Mittelbau-Dora erklärt die traurige Vergangenheit des Krieges mit modernen Mitteln und einer Stollenführung

Unsere kostenlose Tour startet in der KZ-Gedenkstätte und führt anschließend ins Nordhäuser Zentrum.

Einen Urlaubstag ohne große Ausgaben wünschen sich vor allem Eltern. Bis auf das Mittagbrot und 20 Cent Eintritt sollte dies in Nordhausen gelingen. Zugleich tauchen wir in eine Geschichte ein, die der Stadt besser erspart geblieben wäre und die ein Stück weit auch erklärt, warum heute in der Innenstadt moderne Architektur statt Fachwerk dominiert. Es ist die Geschichte des Konzentrationslagers Mittelbau-Dora.

Grafik: Andreas Wetzel / Thüringer Allgemeine © Stepmap, 123map • Daten: OpenStreetMap , Lizenz ODbL 1.0

Mehr als 60 000 Menschen aus fast allen Ländern Europas, vor allem aus der Sowjetunion, Polen und Frankreich, mussten zwischen 1943 und 1945 hier Zwangsarbeit für die deutsche Rüstungsindustrie leisten. Jeder dritte von ihnen starb.

Berühmt wurde Dora leider, weil hier die sogenannte Vergeltungswaffe, die V 2, hergestellt wurde. Unter dem Kohnstein, einem Berg nordwestlich von Nordhausen, lag die Fertigung. Unter unsäglichen Bedingungen setzten Gefangene hier die Raketen zusammen. Auch Wernher von Braun, der Konstrukteur, machte sich davon vor Ort ein Bild.

Mit modernsten didaktischen Mitteln erzählt die heutige Gedenkstätte, die zur Stiftung Gedenkstätten Buchenwald und Mittelbau-Dora gehört, von diesem Leid. Vor wenigen Jahren entstand ein sehr sehenswertes Dokumentationszentrum, und in den Stollen können Besucher bei Führungen gehen. Sie sehen auch viele Reste der damaligen Produktion. Wer mehr Zeit hat, sollte das Gelände noch erkunden. Bis tief in die Wälder standen die Lager-Gebäude. Jugendliche legten sie in Workcamps nach der Wende frei.

Höchst interessant und zugleich bedrückend zeigt das Dokumentationszentrum in der KZ-Gedenkstätte Mittelbau-Dora, was hier zwischen 1943 und 1945 geschah.

Fast unvorstellbar, dass das ehemalige Landesgartenschau-gelände, der Petersberg, bis 1945 voll bebaut war. Heute befindet sich hier ein weitläufiger Park.

Die KZ-Gedenkstätte ist das bestbesuchte Museum der Stadt. Welch ein Widerspruch: Nicht zuletzt die Existenz des Lagers nämlich war es, die das heutige Gesicht Nordhausens prägt. Am 3./4. April 1945, kurz vor Kriegsende, bombardierten Briten die Fachwerkmetropole am Harz. Knapp 80 Prozent wurden zerstört, 8800 Menschen starben.

Wer genau hinschaut, erkennt die Schneise, die die Bomber zogen – von Südosten quer über das Zentrum. Rund um das Rathaus stehen heute Bauten aus den 1950er und 1980er Jahren.

Die Stadt ist, insbesondere seit dem Jahr 2000, in weiten Teilen saniert worden. Motor dafür war eine Gartenschau des Landes Thüringen im Jahr 2004. Im Vorfeld erneuerte man den Bahnhofs- und Theaterplatz, die breite Rauten- und Töpferstraße, die Bahnhof und Theater verbindet. Vor allem aber verschwand eine Wildnis, die seit dem Krieg eine, wenn auch beräumte Trümmerlandschaft blieb. Sie wurde das sogenannte Landesgartenschau-Gelände. Richtig heißt es natürlich Petersberg, wegen der Kirche, die einst darauf stand. 1945 blieb nur der Kirchturm erhalten.

Rund um jenen Turm reihen sich heute Schulen, aber auch viele Angebote für Aktivitäten: ein Kletterturm, ein Skaterpark, ein Ritterspielplatz. 20 Cent berappen wir hier und gehen auf das umzäunte Gelände. Seit 2004 hat sich die Vegetation weiterentwickelt. Heute ist es ein richtiger Park geworden, mit vielen Blumen und Sträuchern, aber auch mit Wasserspielplatz, Trampolin, einer großen Rutsche und mit dem Judenturm, einem alten Teil der Stadtmauer.

Das LGS-Gelände kann man südlich verlassen und stößt hier auf den übrigen Teil der Frauenbergkirche und die Fabrik, in der der berühmte Nordhäuser Doppelkorn entsteht. Wir aber gehen die große grüne Treppe zur Rautenstraße hinunter. Vorher queren wir noch ein Stück alter Kopfsteinstraße. Es ist die Hütergasse. Sie wurde 2004 freigelegt und als Mahnmal erhalten. Heute unvorstellbar, der Petersberg war einmal voll bebaut.

Für heute queren wir die Rautenstraße nur – wer mag, kann hier in der Stadtterrasse zum Mittag einkehren oder ein Stück bergauf kostengünstiger in Bäckereien oder auf dem grünen Markt essen – und gehen gleich wieder die alte Lesserstiege hinauf, benannt nach einem berühmten Pfarrer und Historiker. Wir gehen ein Stück an der Stadtmauer weiter und landen schließlich am Fuß der Wassertreppe. Ein paar Stufen, dann laufen wir links an der Finkenburg vorbei, einem der ältesten Gebäude der Stadt, und sind schließlich beim Dom.

Bild u.r.:
Peterstein 20, so wurde der 20 Meter hohe Kletterfelsen auf dem Petersberg in Nordhausen getauft. Am besten erreicht man ihn von der Weberstraße über die Treppe zum Petersberg. In der Saison ist er jeden Freitag geöffnet.

Bild u.l.:
Auf dem Petersberg in Nordhausen wartet auch eine Halfpipe für Skater und Biker neben dem Kletterturm auf Nutzer.

Mit seinen romanischen Anfängen ist er eines der wertvollsten Gotteshäuser der Stadt. Und übrigens das einzige katholische. Die Gründung geht zurück auf die Errichtung eines Frauenstiftes 961 durch die erste deutsche Königin Mathilde auf dem Boden der Burganlage Nordhausen, die ihr von ihrem Mann, König Heinrich I., als Witwensitz geschenkt worden war.

Der Dom ist geöffnet, bietet kontemplative Stimmung. Sehenswert sind neben vielem anderen Stifterfiguren. Das sind lebensgroße Sandsteinskulpturen, die um 1280 als Herrscherbildnisse aus dem Geschlecht der Ottonen entstanden.

Der Dom zum Heiligen Kreuz in der Domstraße, hier in einer winterlichen Aufnahme, ist täglich geöffnet.

ÖFFNUNGSZEITEN & PREISE

DOM ZUM HEILIGEN KREUZ
Täglich geöffnet; Führungen von April bis Oktober samstags 13 Uhr; Turmbegehung jeweils am ersten Montag im Monat um 17 Uhr – Anmeldungen unter Tel. 03631/982343.

KZ-GEDENKSTÄTTE
Täglich 10 bis 18 Uhr geöffnet außer Montag; Führungen wochentags 11 und 14 Uhr, am Wochenende 11, 13, 15 und 16 Uhr; für Einzelbesucher kostenfrei.

PETERSBERG
LGS-Gelände für 20 Cent von Frühling bis Herbst geöffnet, Ritterspielplatz und Halfpipe ohne Eintritt; Kletterturm mit Saisonstart um Ostern jeden Freitag (außer bei Regen) geöffnet; zusätzlich ein Klettersamstag im Monat, Tel. 03631/902391.

EINKEHR
Ristorante Da Vinci in der Stadtterrasse; täglich 11 bis 14.30 Uhr und 17.30 bis 23 Uhr außer Montag.
Ristorante Rustica, Barfüßer Straße, Montag 17.30 bis 23.30 Uhr, Dienstag bis Samstag 11.30 bis 14.30 Uhr und 17.30 bis 23.30 Uhr, Sonntag 11.30 bis 14.30 und 17.30 bis 22 Uhr
Zum Stepel; uriges Lokal in der Kranichstraße (beim Dom), Montag bis Freitag 11 bis 14.30 und ab 18 Uhr, Samstag ab 18 Uhr.
Weitere Lokale in Nordhausen unter Tag 11.

MEIN TIPP

DDR-KUNST ENTDECKEN

Wer mit offenen Augen die heutige Tour geht, wird DDR-Kunst im öffentlichen Raum sehen. Auf dem Petersberg finden sich mehrere Sgraffito-Bilder an den Schulgebäuden, in der Rautenstraße und Weberstraße entdecken wir an den Wohnblöcken Darstellungen. Links der Frauenbergkirche gibt es an einer Turnhalle ein Monumentalgemälde von Gottfried Schüler. Ein DDR-Gesamtkunstwerk ist die Stadtterrasse. Man sollte sie sich auch von innen ansehen.

Hans-Peter Blum

Am Regentag in Büchern schmökern und Geschichte des Kornbrennens kennenlernen

Wir nutzen das schlechte Wetter und schauen in der Nordhäuser Stadtbibliothek, im Tabakspeicher und in der Traditionsbrennerei vorbei

Immer Sonne, das ist selten im Urlaub. Aber auch ein Regentag kann ein schöner Tag werden: Start unserer heutigen Tour ist in der Stadtbibliothek „Rudolf Hagelstange", die sich nach ihrem Umzug im August 2014 im neuen Bürgerhaus hinter dem Rathaus am Markt befindet.

Nach dem Ersteigen vieler Treppenstufen und dem Gang durch die Glastür betreten wir das große Foyer. Lichtdurchflutet und weitläufig ist es hier. Nichts ist dun-

Unsere Tour beginnt in der Stadtbibliothek, führt über Tabakspeicher und Traditionsbrennerei ins Badehaus.

Grafik: Andreas Wetzel / Thüringer Allgemeine © Stepmap, 123map • Daten: OpenStreetMap , Lizenz ODbL 1.0

Mit Luftballons wurde symbolisch die Eröffnung der neuen Bibliothek Ende August 2014 gefeiert.

Wie hier Sophie Makkus aus Wernigerode können die Besucher der Nordhäuser Stadtbibliothek Bekanntschaft mit der großen weiten Welt der Literatur machen.

kel, stickig und eng, sondern im Gegenteil hell und freundlich.

Ganz wichtig: Die Nutzung der Bücher, Medien und des Internets in der Bibliothek ist kostenlos. Nur wer sich die Bücher auch ausleihen will, muss die Anmeldegebühr von vier Euro (für drei Monate) oder 15 Euro (für ein Jahr) bezahlen.

Über 58 000 Medien, die meisten natürlich Bücher, hält die Stadtbibliothek für ihre Nutzer bereit. Deren Zahl hat sich mittlerweile auf fast 9000 erhöht. Dass die Bibliothek sich wachsender Beliebtheit erfreut, ist auch an der zunehmenden Besucherzahl abzulesen. Im ersten Halbjahr 2015 waren es über 32 600 Leute, die die Angebote des Hauses

Im Tabakspeicher-Museum finden regelmäßig Sonderausstellungen statt. Im Bild zeigen Natalie Kratz und Nico Stade, was die Seele in der DDR beglückte.

nutzten oder aber auch nur neugierig die Nase zur Tür hereinsteckten.

47 Benutzerarbeitsplätze stehen für die Gäste zur Verfügung und neun Computer, von denen vier mit schnellem Internet ausgerüstet sind. Für Jugendliche besonders interessant ist der Spieletag am Donnerstag. Dann sind alle Interessierten eingeladen, die Wii- und eine NDS-Konsole zu nutzen.

In der Bibliothek finden regelmäßig Veranstaltungen statt. Zum Beispiel die Dienstagsgeschichten für Kinder oder das Lesecafé für die Erwachsenen.

Nur wenige Schritte von der Stadtbibliothek entfernt befindet sich das Tabakspeicher-Museum. Hier erfährt der Besucher viele interessante Dinge über die Nordhäuser Regional- und Stadtgeschichte.

Der Tabakspeicher entstand im 18. Jahrhundert und wurde im 19. und Anfang des 20. Jahrhunderts von der Firma „Walther & Sevin Tabak- und Zigarrenfabrik" als Lager für Tabak genutzt. Nach umfangreicher Restaurierung ist er seit 1994 Museum mit Ausstellungen zu Handwerk, Gewerbe, Industrie und Archäologie.

In den beiden Fachwerkgebäuden werden auf 1000 Quadratmetern die wirtschaftlichen Wurzeln Nordhausens dargestellt. Anschaulich geben die Exponate Auskunft über die bedeutendsten Branchen und deren Geschichte, wie Kornbrennerei, Kautabakherstellung und Maschinenbau. Hinzu kommen traditionelle Handwerke wie Blaudruckherstellung, Kürschnerei, Schneiderei, Schuhmacherei und Bäckerei.

Es lohnt sich vor allem, an einer Führung teilzunehmen. Es ist schon erstaunlich, was der frühere Stadtarchivar Hans-Jürgen Grönke so alles mitzuteilen hat. Wussten Sie, dass vor etwa 5000 Jahren einer der spektakulärsten medizinischen Eingriffe bei Nordhausen vorgenommen wurde? Funde eines Schädels in einem Kollektivgrab belegen, dass die Schädeldecke eines Mannes abgenommen und ein Tumor entfernt wurde. Dieser Mann lebte nach dem Schließen der Decke noch mehrere Monate, ehe er bei einer zweiten Operation verstarb. Oder dass es in Nordhausen im Jahr 1813 die erste Tapetenfabrik in Deutschland gab?

Nach dem Museumsbesuch stärken wir uns in der Gaststätte „Barfuß", die sich in einem Innenhof in der Straße Altendorf in der Altstadt befindet.

Dann geht es weiter in die Traditionsbrennerei. Dessen Besuch ist ein Muss für jeden Nordhausen-Touristen. Denn seit 1507 wird in Nordhausen Korn gebrannt. Die Traditionsbrennerei führt diese Tradition fort.

Karla Langner will ein Geschenk für Freunde in Namibia aus der Traditionsbrennerei mitbringen.

In der liebevoll restaurierten, 100 Jahre alten Brennerei lernen Besucher die Geschichte und die Technologie des Kornbrennens in der deutschen Kornhochburg ausführlich kennen. Im Museumsraum erzählen die Ausstellungsstücke von der Vergangenheit der alten Brennerei. Hier findet sich Originelles und Wertvolles: von alten Originalflaschen bis hin zum Steingutgefäß, in dem die Düfte alter Aromen die Jahre überdauerten.

Empfehlenswert ist auch hier die Teilnahme an einer Führung, die täglich um 14 Uhr angeboten wird: Nach dem Besuch des Fasskellers und der Museumsräume folgt die Verkostung der hauseigenen Produkte, die auch gekauft werden können.

Am Ende des langen Tages erholen wir uns bei einem Besuch des Badehauses, das sich nur wenige Meter entfernt in der Grimmelallee befindet. Bei einer Lufttemperatur von 31 Grad fühlt man sich im Hallenbad wie im Urlaub. Vier Becken stehen für die Gäste zur Verfügung, darunter ein sehr schönes Jugendstilbecken, sowie eine Rutsche mit Zeitmessung.

Das Jugendstilbad des Badehauses von Nordhausen ist auch für Sophie, Hannah und Antonia (von links) ein beliebter Treff, um sich zu entspannen und das schöne Ambiente zu genießen.

ÖFFNUNGSZEITEN & PREISE

STADTBIBLIOTHEK

Dienstag, Mittwoch und Freitag von 10 bis 18 Uhr, am Donnerstag von 10 bis 19 Uhr und am Samstag von 10 bis 13 Uhr geöffnet. Montag ist geschlossen, der Eintritt ist frei.

TABAKSPEICHER

Geöffnet von Dienstag bis Sonntag 10 bis 17 Uhr. Erwachsene zahlen fünf, Kinder bis 16 Jahre drei Euro Eintritt.

TRADITIONSBRENNEREI

Geöffnet von Montag bis Samstag von 10 bis 16 Uhr. Führungen beginnen jeden Tag um 14 Uhr.

BADEHAUS

Geöffnet in der Woche von 8 bis 22 Uhr, Samstag, Sonntag und am Feiertag von 9 bis 22 Uhr. Erwachsene zahlen für 1,5 Stunden sechs Euro, Kinder vier Euro Eintritt.

EINKEHR

Restaurant „Barfuß", Altendorf 1, Montag bis Freitag und Sonntag ab 10 Uhr, Samstag ab 15 Uhr.

„Kneiff-Garten", Gerhart-Hauptmann-Straße 6, Dienstag bis Sonntag 11 bis 14.30 Uhr, 18 bis 1 Uhr, montags geschlossen.

„Brandenburg", Kranichstraße 19, Mittwoch, Freitag bis Sonntag ab 12 Uhr, Dienstag und Donnerstag ab 17 Uhr, montags geschlossen.

MEIN TIPP

EINE MASSAGE IM WHIRLPOOL

Wer das Nordhäuser Hallenbad besucht, darf auf keinen Fall versäumen, sich in einem der beiden Whirlpools des Jugendstilbades niederzulassen. Man sollte sich nicht täuschen lassen, wenn das Wasser gerade einmal nicht sprudelt: In regelmäßigen Abständen werden die Düsen im Rundbecken aktiviert, und die starken Wasserstrahlen sorgen für eine angenehme Massage von Rücken, Beinen und Füßen. Das Wasser ist mit 34 Grad sehr warm. Das ist gerade nach dem Schwimmen im großen Becken des Hallenbades eine willkommene Abwechslung.

Kristin Müller

Dem Reiz des Südharzer Gipskarsts zu Fuß auf der Spur

Gut ausgeschildert ist unsere Tour entlang des Karstwanderweges nahe Rüdigsdorf. Auch Rundtouren sind möglich

Bei aller körperlichen Anstrengung: Heute ist ein Tag, um zur Ruhe zu kommen, um abzuschalten, sich an den Blumen am Wegesrand zu erfreuen und am Südharzpanorama am Horizont. Wer sich zu Fuß in die Gegend um Rüdigsdorf aufmacht, versteht, weshalb der Südharz 2011 zum Naturpark erklärt wurde.

Der Gipskarst mit seinen Höhlen, Quellen, Erdfällen und Buckellandschaften macht den Landstrich zwischen Klettenberg und Stempeda einmalig. Ein Stück des 53 Kilometer langen Karstwanderweges im Kreis nehmen wir:

Von der Salzaquelle geht es über das Harzfelder Holz (13 km, hellrote Linie) nach Nordhausen-Ost, die alternative Acht-Kilometer-Tour geht über Rüdigsdorf zurück.

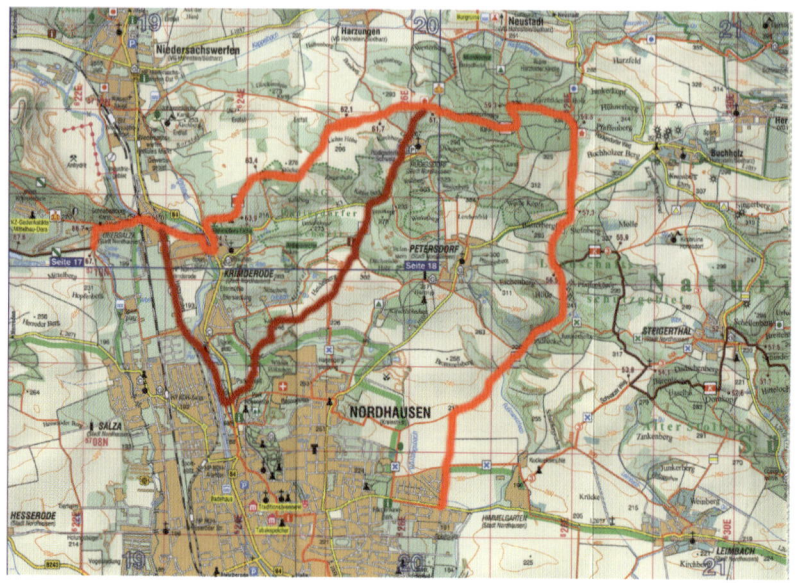

Von Krimderode aus – einer Station von Harzquerbahn und Straßenbahn – geht es entlang der Rüdigsdorfer Schweiz durchs Harzfelder Holz bis kurz vor Buchholz und weiter gen Süden vorbei an den Pfaffenköpfen zurück nach Nordhausen-Ost, von wo aus die Straßenbahn einen bei Bedarf an den Ausgangspunkt zurückbringt. Eine Abkürzung führt auf dem Kaiserweg durch Rüdigsdorf und das Gumpetal zurück.

Wer mag, kann vom HSB-Haltepunkt in Krimderode vor dem Start einen Abstecher zum einen Kilometer entfernten Salza-Spring machen, Thüringens größter Karstquelle: Man folgt dafür dem westlichen Verlauf des Karstwanderweges.

Zurück zum Start der Wanderung: Vom Haltepunkt aus führt der Weg nordwärts zum Mühlgraben. Genügend Schilder weisen den Weg an Weiden und Gärten vorbei zum alten, zehn Meter hohen Gipsbrennofen von Krimderode: Um 1870 wurde er erbaut, die Schüröffnungen sind noch zu erkennen.

Zorge und B 4 überquert man an der evangelischen Grundschule. Nach wenigen Metern Verkehrslärm führt der Karstwanderweg nach rechts in den Wald, hinauf zu Flehmüllers Eiche: einem 20 Meter hohen Riesen mit

Bild o.l.:
Das weiße K auf rotem Balken markiert den Karstwanderweg, der nicht nur bei Petersdorf sehr naturnah ist.

Bild o.r.:
Kreiswegewart Andreas Heise an der Salzaquelle: Die 53 Kilometer des insgesamt 233 Kilometer langen Karstwanderweges im Landkreis kennt er in weiten Teilen wie seine Westentasche.

Der Gipsbrennofen in Krimderode ist älter als ein Jahrhundert. Beschickt wurde er über eine Bühne.

einem Stammdurchmesser von 6,65 Meter. Zwischen 600 und 1000 Jahren alt soll dieser Baum sein. Seinen Namen bekam er, weil der Müller der nahen Ellermühle bei Unwetter an diesem Baum stets Gott um Gnade gebeten haben soll.

Nordostwärts geht es über eine Wiese an alten Obstbäumen vorbei, man streift das Naturschutzgebiet Rüdigsdorfer Schweiz. Oft ist der Weg hier von so hohem Gras und Blumen gesäumt, dass man froh ist, trotz sommerlicher Temperaturen die lange Hose gewählt zu haben. Kein für Traktoren ausgelegter Wirtschaftsweg, sondern ein schma-

ler Pfad durchzieht diese Landschaft. Das weiße Gipsgestein steht hier direkt an der Oberfläche.

Beim Blick zurück fällt der Kohnstein ins Auge: ein riesiger Steinbruch. Der Gipskarst mag die Landschaft für Naturliebhaber einzigartig machen – aus Sicht von Rohstoff-Abbaufirmen bildet er auch ein einmaliges Reservoir: Im Südharz liegt etwa die Hälfte der oberflächennahen Gips- und Anhydritvorräte Deutschlands. Und das in einer Mächtigkeit von mehr als 30 Metern.

Vier Unternehmen betreiben allein im Landkreis Nordhausen derzeit sechs Steinbrüche. 208 Hektar wurden oder werden so ihrer Ursprünglichkeit beraubt, weitere werden folgen, sofern der lautstarke Protest aus der Region keinen Erfolg hat.

An der Lichten Höhe tangiert der Karstwanderweg geköpfte Buchen, die nach der alten traditionellen Schneitelwirtschaft genutzt werden. Eine Infotafel lässt Details hierzu erfahren. Kurz darauf kann man einen Abstecher nach Harzungen zum Landcafé machen: Einen Kilometer weiter, an

Gips und Anhydrit sind das weiße Gold des Südharzes. Mehrere Steinbrüche wie der am Kohnstein haben die Landschaft teils enorm verändert.

Friedhelm Liebenrodt, Landwirt und langjähriger Forstmitarbeiter aus Buchholz, köhlert seit mehr als drei Jahrzehnten.

einer Waldschänke, muss man sich entscheiden: Die Abkürzung führt über den Kaiserweg, und zwar zunächst nach Rüdigsdorf, wo es eine weitere Einkehrmöglichkeit gibt (allerdings nur Sonntag auch ab Mittag), und kurz hinter dem Dorf durch das Naturschutzgebiet „Rüdigsdorfer Schweiz" über das Gumpetal gen Stadtpark, in dessen Nähe es die HSB-Haltestelle Ricarda-Huch-Straße gibt.

Wer Lust zum Weiterlaufen, vor allem festes Schuhwerk hat, kann sich aufmachen ins Harzfelder Holz: einem urigen Wald, wo einige Pfützen den Weg überfluten und nur Schilder ein Verlaufen verhindern. Am Waldrand hat Friedhelm Liebenrodt seinen Holzkohlemeiler aufgebaut: Bald will er ihn wieder anstecken.

Nun geht's fast nur noch bergab: über eine Wiese, dann über die Straße Petersdorf–Buchholz hinweg weiter ins Rossmannsbachtal. Wieder säumen bunte Blumen die Feldränder, dann beeindruckt eine Sumpflandschaft. An jener Stelle, wo der Karstwanderweg nach links (Osten) abbiegt, folgen wir dem Weg, der mit dem blauen Punkt im weißen Quadrat gekennzeichnet ist. Die ersten Häuser von Nordhausen-Ost tauchen bald auf, von wo aus die Straßenbahn zurück in die Stadt fährt.

ÖFFNUNGSZEITEN & PREISE

EINKEHR

Das *Landcafé Harzungen* ist Samstag und Sonntag von 14 bis 18 Uhr geöffnet.
Die *Feine Speiseschenke* in Rüdigsdorf hat Mittwoch bis Samstag von 18 bis 22 Uhr sowie am Sonntag von 11.30 bis 17 Uhr geöffnet, Tel. 03631/4736490.
Die *„Harzpforte" Petersdorf* ist außer Mittwoch täglich von 11 bis 22 Uhr geöffnet.
Das *Café „Zollhäuschen"* hat Dienstag bis Freitag 12 bis 17 Uhr geöffnet, am Wochenende von 13 bis 18 Uhr.

ÜBERNACHTEN

Die Pension Rüdigsdorfer Schweiz in Rüdigsdorf bietet Zimmer und Ferienwohnungen, Tel. 03631/47580.

STRASSENBAHN

Die *Linie 2* von Nordhausen-Ost bis zur Parkallee fährt wochentags zwischen 6 und 18 Uhr alle zehn Minuten, an den Wochenenden alle 30 Minuten – im selben Takt wie Linie 1.
Die *Linie 10* führt von Nordhausen bis Ilfeld: wochentags stündlich, am Wochenende alle zwei Stunden. Wer von Ost nach Krimderode will, muss am Theater die Linie 1 zum Bahnhof nehmen und dort in die Linie 10 umsteigen.

MEIN TIPP

EIN BISSCHEN GAULT & MILLAU

Die „Feine Speiseschenke" in Rüdigsdorf ist hochpreisiger als eine Wanderraststätte – qualitativ allerdings gibt es auch einen Unterschied: Gault & Millau zeichnete das Lokal 2015 als eines von 15 Thüringens besten Restaurants aus, gab ihm 13 von 20 möglichen Punkten. Eine Spezialität sind hier Gerichte vom Hochlandrind. Die stämmigen Highland-Cattle-Rinder werden quasi vor der Haustür groß, stehen auf den Weiden der Familie Forst, die auch die Pension im Ort betreibt.

81

Kristin Müller

Bei den Mönchen des Mittelalters, im Ellricher Naturbad und an einem Höhlensee

Vom Kloster Walkenried geht es nach Ellrich ins Museum und ins Bad, dann zum Geostützpunkt in Werna und zur „Kelle" bei Appenrode

Vor 800 Jahren: Landkreisgrenzen existierten nicht, geschweige denn eine innerdeutsche Teilung. Nicht den Ort Walkenried gab es, sondern einzig ein Kloster. Aber was für eines: Im 13. Jahrhundert war Walkenried die „wirtschaftliche Betriebszentrale" des Oberharzer und Rammelsberger Bergbaus, des bei Seesen am Harz entstehenden Industriegebiets mit Teich- und Grabensystem. Die Walkenrieder Mönche sind quasi die Väter der Oberhar-

Unsere Tour beginnt in Walkenried und führt über Ellrich nach Werna und schließlich zur „Kelle" bei Appenrode.

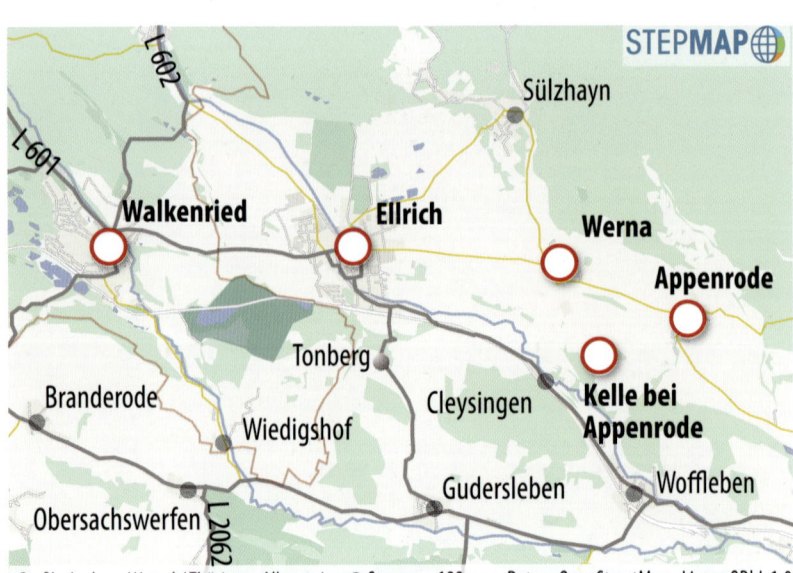

Grafik: Andreas Wetzel / Thüringer Allgemeine © Stepmap, 123map • Daten: OpenStreetMap, Lizenz ODbL 1.0

Im doppelschiffigen Kreuzgang des Klosters Walkenried finden regelmäßig Konzerte statt.

zer Wasserwirtschaft – das Kloster heute entsprechend Teil dieser Unesco-Weltkulturerbestätte.

Im Jahr 1129 wurde das Kloster als drittes Zisterzienserkloster auf deutschem Boden gegründet: Mit zwölf Mönchen begann, was heute dank der vollständig erhaltenen, weitläufigen Klausur aus dem 13. Jahrhundert und der Kirchenruine als eines der bedeutendsten Zeugnisse klösterlicher Baukunst in Europa gilt.

Wer dieses – und nicht nur die 150 Jahre als Steinbruch genutzte Kirchenruine – bestaunen will, muss ins 2006 er-

Stefan Zimmermann leitet das Ellricher Feuerwehrmuseum. Hier sehen wir ihn mit Tim Echtermeyer und Lukas Friese mit einem Feuerwehrkrad, das zu DDR-Zeiten im Einsatz war.

öffnete Museum (das allerdings nicht komplett behindertengerecht ausgebaut ist). Sinnlich und kreativ gestaltet ist die Ausstellung mit ihren visuellen und akustischen Inszenierungen in Kapitelsaal und Brunnenhaus, Brüdersaal und Refektorium. Die Zisterzienser werden nicht nur im geistlichen, sondern auch im wirtschaftlichen Kontext betrachtet: Die Mönche waren auch clevere Geschäftsleute, knallharte Arbeitgeber – und eben Schöpfer industrieller Produktionsformen.

Kinder können beim Museumsbesuch dem Mönch „Bruder Conrad" und der Klostermaus folgen. So finden sie gemalte Bilder hinter versteckten Klappen, die vom Leben der Mönche erzählen und Exponate erklären.

Das historische Gemäuer ist aus konzeptionellen Gründen durch moderne Architekturelemente behutsam ergänzt, nicht aber verbaut worden.

Wer Glück hat und zu einer besucherarmen Zeit kommt, kann allein im berühmten doppelten Kreuzgang stehen, vielleicht ein Lied anstimmen. Auch international renommierte Künstler nutzen dessen besondere Akustik gern für Konzerte.

Im etwa fünf Kilometer entfernten Ellricher Feuerwehr-museum reicht der Blick nicht ganz so weit in die Historie zurück – erst 1881 wurde in der Stadt eine Pflicht-Feuer-wehr gegründet, ein Löscheimer aus dem Jahr 1830 ist das älteste Exponat. Doch bekommt auch die hier präsentierte Sammlung von historischer Feuerwehrtechnik aus dem gesamten Südharz ihren Charme durch die Örtlichkeit: Das Spritzenhaus am Brauhof wurde schon 1876 gebaut, in den 1980er Jahren wussten engagierte Ellricher dessen Abriss in letzter Minute zu verhindern und sanierten das Gebäude.

Zwischendurch lohnt an diesem Ausflugstag für eine Ab-kühlung ein Besuch des Ellricher Waldbades. Es liegt etwa einen Kilometer vom Ortskern entfernt inmitten von Fel-dern und nahe des Waldes, der sich bis auf die Harzhöhen hinauf erstreckt. Schon 1910 entstand das Bad in einem der Limbacher Teiche, die einst die Walkenrieder Mönche angelegt haben sollen. 2007 – längst in mehreren Etappen modernisiert – bekam es den Harzer Naturparkpreis als schönste Naturbadestelle im ganzen Gebirge.

Man hört von der großzügigen Liegewiese wie vom FKK-Bereich aus die Frösche quaken und die Vögel sin-gen; und zum Ärger des Bademeisters haben auch Schwäne und Nilgänse das Bad für sich entdeckt. Auf einem im Teich gebauten Damm ließ sich früher so manch Liebes-

Bademeister Manfred Weber zeigt die Perspektive auf das Ellricher Waldbad, die derjenige hat, der sich vom Fünf-Meter-Sprungturm ins Wasser traut.

Bild o.l:
Wolfgang Wegmann
führt im Geostütz-
punkt von Werna
gern Gäste durch die
Ausstellungsräume.

Bild o.r.:
Den Zugang zum
Höhlensee der
„Kelle" versperrt aus
Sicherheitsgründen
ein Geländer. Doch
führt eine Treppe in
den Erdfall bis fast
ans Wasser hinan.

pärchen nieder, heute spaziert man hier gern. Neben dem großen Schwimmerbereich gibt es ein Plansch- und ein Nichtschwimmerbecken.

Von Ellrich aus führt eine Landstraße nach Werna, wo neben dem seit Jahren leer stehenden Spiegelschen Schloss im einstigen Inspektorenhaus Ausstellungen zur Geschichte dieses Ritterguts, zu historischen Grenzsteinen und zur Südharzer Glasmacherei entstanden sind. Auch ein Geostützpunkt wurde eingerichtet. Ein Modell zeigt hier die Gipskarstlandschaft, macht den unter- und oberirdischen Verlauf des Wassers nachvollziehbar.

Apropos: Wie reizvoll die Karstlandschaft sein kann, ist an der Kelle unweit von Wernas Nachbarort Appenrode zu erleben: Diese Karsthöhle – entstanden durch Gipsauslaugung – ist das älteste Naturdenkmal im Landkreis. Schon 1589 wurde sie auf einer Karte verzeichnet, so manch Sage rankt sich um die Grotte. Kein Wunder: Der grünblau schimmernde, fünf Meter tiefe Höhlensee am Boden des Erdfalls ist faszinierend. Lebewesen kennt das klare, sulfathaltige Wasser nicht. Nur ab und an zerreißt ein von der Decke der Grotte herabfallender Tropfen die Stille in dieser Grotte.

ÖFFNUNGSZEITEN & PREISE

KLOSTER WALKENRIED

Geöffnet ist das Museum Dienstag bis Sonntag 10 bis 17 Uhr, montags ist außer feiertags und am 24.12. geschlossen. Am 31.12. öffnet das Museum von 10 bis 15 Uhr. Der Eintritt kostet 6 Euro, ermäßigt 4 Euro. Kinder unter sechs Jahren haben freien Eintritt.

WALDBAD ELLRICH

Das Bad ist täglich 13 bis 20 Uhr geöffnet, am Wochenende, in den Ferien 10 bis 20 Uhr. Die Tageskarte kostet 2,50 Euro, ermäßigt 1,20 Euro; die Saisonkarte kostet 45 Euro, ermäßigt 30 Euro.

GEOSTÜTZPUNKT WERNA

Geöffnet Montag bis Freitag 11 bis 16 Uhr und auf Anfrage, Tel. 036332/72257. Der Eintritt ist kostenfrei.

FEUERWEHRMUSEUM ELLRICH

Geöffnet März bis September jeden ersten Sonntag im Monat 15 bis 17 Uhr. Führungen außerhalb dieser Zeiten sind möglich mit Voranmeldung, Tel. 0174/2429733.

EINKEHR

Kloster-Café Walkenried, Tel. 05525/209879;
Gaststätte „Alt Ellrich" in Ellrich, Tel. 036332/74750;
Café Nikolai Ellrich, Tel. 036332/164060.

MEIN TIPP

EIN BESUCH IN ELLRICHS HOSPITAL

Ellrichs historisches Hospital ist so gut erhalten wie kein anderes in Thüringen. Der Gebäudekomplex an der Hospitalstraße – heute als Kindergarten und Heimatmuseum genutzt – entstand vermutlich im 12. Jahrhundert als Herberge für Arme und Kranke. Liebevoll hat eine Interessengemeinschaft eine Schlafkammer eines Hospitaliten nachgestellt, in Archiven manch interessanten Fakt zusammengetragen. Auch die um 1910 gebauten Grudeöfen der Küche sind erhalten. Von April bis Oktober ist das Museum sonntags 14 bis 16 Uhr geöffnet.

Thomas Müller

Von der Einfahrt ins Kohlebergwerk und einer Alm mitten im Südharz

Mit der ~~Harzquerbahn~~ geht es unter Dampf
nach Sophienhof zu Ziegen-Eis und selbst gebrautem
Bier – und dann immer bergab

Johann Lafer, der Fernsehkoch, hat die Ziegen von Sophien-hof schon gemolken, Kim Fisher das beliebte Ziegen-Eis probiert.

Für diese Tour nach Netzkater und Sophienhof können wir wieder die Harzer Schmalspurbahn nutzen.

Kai Liebigs Idee von einer Alm im Südharz ist aufgegan-gen und lockt jährlich tausende Besucher in den Ort, der mit 50 Seelen einer der kleinsten im Landkreis Nordhau-sen ist, und doch eine Touristenhochburg.

Grafik: Andreas Wetzel / Thüringer Allgemeine © Stepmap, 123map• Daten: OpenStreetMap , Lizenz ODbL 1.0

Der Ab- und Auftrieb auf der Ziegenalm in Sophienhof – hier mit Dieter Bernsdorf – ist seit Jahren äußerst beliebt. Von überall kommen die Besucher zusammen, um die Feste zu erleben.

Auf der Ziegenalm in Sophienhof können Besucher gut essen, übernachten und sich mit den Tieren beschäftigen, wie hier Sarah Schmidt von der Insel Rügen.

Wir steigen einmal mehr in Nordhausen in die Dampflok. Wer auf den Höhen mehr Zeit verbringen möchte, sollte den frühen Triebwagen nutzen (8.54 Uhr), ansonsten geht es wieder 10.24 Uhr mit der Dampflok vom Bahnhofsplatz los.

Schnell erreichen wir den kleinen Haltepunkt Sophienhof. Er liegt mitten im Wald, doch in ein paar Minuten haben wir den Ort erreicht. Im Winter kreuzen wir Ski-

Markus, Anita und Thomas Kuche (von links) betreiben in Sophienhof eine Gasthausbrauerei.

loipen, im Sommer geht es durch herrliche Wiesen. Links liegt der „Braune Hirsch", eine Traditionsgaststätte. Die Familie Kuche bewirtet hier Gäste und baute in den vergangenen Jahren viel, um mehr Quartiere anbieten zu können. Vor allem aber ist der dabei entstandene Brauereigasthof eine Mahlzeit und ein frisches Bier wert. Die großen Kupferkessel geben der großen Gastwirtschaft das passende Ambiente.

Es sind nur ein paar Schritte über die Hauptstraße, dann erreichen wir die Ziegenalm. Auf den weitläufigen Weiden sehen wir Tiere aller Art, eine Almwirtschaft und ein Hofladen ziehen den Besucher an. Das Angebot an Speisen ist nicht groß, aber dafür handgemacht und umso leckerer. Das gilt auch für das Ziegeneis und den Ziegenkäse. Natürlich dürfen Gäste einmal probieren.

Seit 2002 unterhalten Kai Liebig und seine Familie die Almwirtschaft, 550 Meter über dem Meeresspiegel und damit nach Rothesütte im höchstgelegenen Dorf des Landkreises. Einmal in der Woche schlachten sie ein Schwein. Sie halten 120 Milchziegen, 150 Schafe, Schweine, Rinder, Wild, Hühner. Wer Natur liebt, kommt hier auf seine Kosten. Und erlebt, wie Landwirtschaft funktioniert: Das Heu füttern Liebigs den Tieren, die Reste aus der Molkerei bekommen die Schweine.

Wer mag, kann auch direkt hier übernachten. Zehn Ferienwohnungen entstanden allein auf der Alm.

Nach unserem Mahl in einer der Gaststätten machen wir uns für den Abstieg bereit. An einem kleinen See vorbei geht es in den Wald und dann einfach immer bergab. Unser Ziel ist Netzkater. Wir queren die Bundesstraße 81 und gehen über die schmale Brücke, die über die Bere führt. Der kleine Fluss erscheint harmlos, aber wenn im Harz der Schnee schmilzt, kann er zum reißenden Strom werden und die Schienen der Schmalspurbahnen überschwemmen. Nun sehen wir sie wieder, die Gleise, und gehen immer an ihnen entlang bis zum Bahnhof Netzkater.

Gleich hinter dem Gebäude wartet der Rabensteiner Stollen mit einer abenteuerlichen Tour auf. Es ist nach Angaben der Betreiber das einzige Steinkohle-Besucherbergwerk in ganz Mitteldeutschland. Seit einigen Jahren fahren die Gäste mit einer Grubenlok ein. Sie rumpelt und pumpelt über die kleine Spurweite durch die Dunkelheit des Stollens.

Holger Oppermann aus Hohegeiß führt Besucher seit vier Jahren durchs Kohlebergwerk bei Netzkater.

Am Schaubergwerk Rabensteiner Stollen sind die alten Grubenbahnen ein Hingucker. Wer in die Lok will, muss aber den Kopf einziehen, weiß Max Onasch aus Markkleeberg.

Es geht sehr eng zu, ein Vergnügen eher nicht für Menschen mit Platzangst. Nach der kleinen Tour führt uns Holger Oppermann durch die schmalen Gänge. „Früher", meint er, „waren die Stollen viel kleiner. Die Bergleute krochen zu ihren Arbeitsplätzen und hauten die Kohle mit Hammer und Schlegel liegend aus dem Steinbett."

Denn tatsächlich war der ersehnte Brennstoff nur eine winzige Schicht inmitten wertlosen Felses. Die Erträge waren, obwohl hier Hunderte mit einem Mal arbeiteten, entsprechend gering. 1896 schon legte man den Stollen still, belebte ihn aber in den Krisenjahren 1921 bis 1924 und 1946 bis 1948 wieder.

Oppermann weiß, wie er Familien die Geschichte interessant verkaufen kann. Mit viel Humor führt der Mann aus Hohegeiß durch die Gänge, lässt die Kinder auf einem Schienen-Fahrrad radeln und dimmt – mit Vorankündigung – schon mal das Licht so ab, wie es die Bergleute täglich 14 Stunden zum Arbeiten hatten. Die dunkle Strecke durch den Berg können wir nur ertasten. Sie scheint endlos. Entsprechend erlösend ist es, den Stollen zu verlassen.

Von hier aus fahren wir mühelos mit der Harzquerbahn zurück. Die Dampflok hält um 17.09 Uhr. Wer noch etwas Zeit hat, sollte im Bahnhofslokal einkehren und kann in puncto Ausstattung und Preisniveau in DDR-Zeiten abtauchen. Das Essen ist empfehlenswert.

ÖFFNUNGSZEITEN & PREISE

DIE ANREISE

Mit der Harzquerbahn ab Nordhausen bis zum Bahnhof Sophienhof, Dampflok ab 10.24 Uhr, Triebwagen ab 8.54 Uhr. Abfahrt in Netzkater unter anderem 14.09, 17.09 und 20.21 Uhr.

BRAUEREIGASTSTÄTTE

Montag bis Donnerstag 11 bis 22 Uhr; Freitag bis Samstag 11 bis 23 Uhr, Sonntag 11 bis 21 Uhr; Brauereiführungen buchbar unter Tel. 036331/48144.

ZIEGENALM

Hofladen und Almstube: Dienstag bis Freitag 12 bis 18 Uhr, Samstag/Sonntag/Feiertage 10 bis 18 Uhr; Hofbesichtigung von Mai bis Oktober jeden 1. und 3. Samstag im Monat um 15 Uhr mit kleiner Käse- und Wurstverkostung.

GASTSTÄTTE IM BAHNHOF

Außer Montag und Freitag täglich von 10.30 bis 17.30 Uhr geöffnet.

RABENSTEINER STOLLEN

1. April bis 31. Oktober:
10 bis 17 Uhr durchgehend Führungen (Montag Ruhetag);
1. November bis 20. Dezember:
10.45 & 12 Uhr;
27. Dezember bis 31. März:
10.45, 12, 13.15 Uhr außer Montag und Freitag. Eintritt: 11 Euro für Erwachsene, 6 Euro für Kinder bis 17 Jahre.

MEIN TIPP

DEN SCHLITTEN MITNEHMEN

Zwischen Nordhausen und Sophienhof herrschen im Winter erstaunliche Unterschiede. Ist es oben schneeweiß, herrscht in der Rolandstadt durchaus triste Schneelosigkeit. Es lohnt sich also, den Schlitten mitzunehmen. In der Schmalspurbahn oder im Auto ist der Transport kein Problem. Denn Rodelhänge gibt es um Sophienhof zuhauf. Wer mit dem Auto unterwegs ist, kann übrigens auch in Rothesütte gut einkehren und rodeln. Der Ort liegt, wenn man auf der B 4 von Nordhausen immer gen Harz fährt, direkt auf dem Weg nach Sophienhof.

Hans-Peter Blum

Von frei lebenden Bären und interessanten Einblicken in die innerdeutsche Geschichte

Der Start erfolgt im Worbiser Bärenpark. Von dort aus führt der Weg nach Niedersachsen ins Grenzlandmuseum und endet in einer Dichterstätte

Unsere heutige Tour führt gleich zweimal über die Nord-häuser Kreisgrenze hinaus, ins Eichsfeld und nach Süd-niedersachsen. Wir starten am Alternativen Bärenpark in Worbis im Landkreis Eichsfeld.

Diese Tour führt vom Bärenpark in Worbis nach Tettenborn und von dort schließlich nach Limlingerode.

Dort gibt es eine großzügig bemessene Anlage, wo die Tiere naturnah leben können. Der Bärenpark Worbis bietet acht Bären und fünf Wölfen auf fünf Hektar ein Zuhause. Der älteste Bär heißt Jimmy und wurde 1989

Grafik: Andreas Wetzel / Thüringer Allgemeine © Stepmap, 123map • Daten: OpenStreetMap , Lizenz ODbL 1.0

Seit 2011 ist die russische Braunbärin Katja im Alternativen Bärenpark in Worbis. Sie kam aus dem Wildtierpark im Hunsrück und scheint sich wohlzufühlen in ihrem neuen Zuhause im Eichsfeld, wie auch die anderen Bären.

geboren, die jüngste Bärin ist Daggi und ist sieben Jahre alt.

Ein etwa ein Kilometer langer Rundweg führt durch die Anlage. Man sollte sich etwa eine Stunde Zeit nehmen, um die Bären beobachten zu können. Nicht alle Bären sind immer zu sehen, manche machen es sich lieber im Unterholz gemütlich, anstatt von neugierigen Besuchern beäugt zu werden.

Die Freianlagen sind in Teilareale unterteilt, um Tiere im Fall des Falles voneinander trennen zu können. Jeweils ein Teilbereich pro Park ist als sogenannte Seniorenresidenz für alte und kranke Bären vorgesehen, die hier, von den anderen Tieren unbehelligt, ihre letzten Tage genießen dürfen. In Worbis ist überdies ein Teilbereich nur für Wölfe reserviert.

Sehr lehrreich ist auch eine Führung durch den Park. Diese dauert anderthalb Stunden und sollte eine Woche vorher angemeldet werden. Nach dem Besuch der Freianlagen stärken wir uns mit einem kleinen Mittagessen im Infozentrum des Bärenparks. Dieses steht auf Stelzen und bietet einen wunderschönen Panoramablick in den Park.

Von Worbis aus fahren wir weiter in Richtung Norden und erreichen nach etwa 30 Minuten und knapp 28 Kilometern das kleine Dorf Tettenborn in Südniedersachsen, heute ein Ortsteil von Bad Sachsa.

Bild o.r.:
Im Grenzlandmuseum
sind neben Uniformen
auch Grenzsteine und
Grenzpfähle zu sehen.

Bild o.l.:
Museums-Vereinschef
Klaus Koch erklärt
die Funktion der
Selbstschussanlage
SM 70.

Dort hat ein rühriger Verein im Grenzlandmuseum eine hoch interessante Sammlung von Zeugnissen der inner-deutschen Geschichte von 1945 bis 1990 zusammengetragen.

Wir nehmen an einer Führung teil und starten im Obergeschoss. Klaus Koch, erster Vorsitzender des Grenzlandmuseum-Vereins, deutet auf eine Landkarte aus dem Jahr 1952. „Hier wurde die Teilung Deutschlands in vier Besatzungszonen zementiert", sagt er.

Im Juli 1945 hätten sich ein russischer und ein britischer General in Braunschweig getroffen, um den Landkreis aufzuteilen. „Bad Sachsa und Tettenborn kamen zur britischen Zone, der Rest zur russischen. Bei dieser Whiskey-Wodka-Verhandlung war der Russe deutlich trinkfester", so Koch.

Am 28. Mai 1952 entschloss sich die DDR, wegen der anhaltend hohen Zahl von Menschen, die in den Westen gingen, die Grenze zu schließen. „Dazu errichtete man einen 1,20 Meter hohen Stacheldrahtzaun, hinter dem sich ein 10 Meter breiter Kontrollstreifen befand. Dann kam nach 500 Metern noch ein Zaun im Hinterland und ein fünf Kilometer breiter Streifen, das Sperrgebiet, das später zum Teil auf drei Kilometer reduziert wurde", erläutert Koch.

Auch das Thema der Zwangsumsiedlungen spart er nicht aus. „Die Aktion ‚Ungeziefer' begann 1952 und sorgte dafür, dass 12 000 Personen, die als unzuverlässig galten, aus den Grenzgebieten umgesiedelt wurden. Eine zweite Umsiedlungs-Aktion namens Kornblume folgte 1961, die noch einmal 5342 Personen betraf", berichtet Koch.

Ein weiterer Höhepunkt der Ausstellung ist der funktionsfähig nachgebaute Grenzsignalzaun mit einer originalen Selbstschussanlage. In der komplett eingerichteten Führungsstelle wird die Auslösung des Grenzalarms bei versuchtem Grenzdurchbruch per Tondokument nachgespielt.

Nach diesem ernsten Thema haben wir uns ein Stück Kuchen und eine Tasse Kaffee redlich verdient. Der Weg führt uns zurück in den Landkreis Nordhausen ins nicht weit von Tettenborn entfernte beschauliche Dörfchen Limlingerode. Dort betreibt Jutta Wybranietz seit 1999 die Ländlichen Kaffeestuben, die sich einen guten Ruf weit über den Landkreis hinaus gemacht haben. Neben Kaffee

Jutta Wybranietz (links) betreibt in Limlingerode die Ländlichen Kaffeestuben. Nebenan verkauft sie in der Antikscheune zusammen mit Bärbel Wiegleb Dekoartikel.

und Kuchen in den Stuben bietet Jutta Wybranietz in ihrer Antikscheune auch Dekorationsartikel zum Verkauf an.

Limlingerode ist auch Sitz der Dichterstätte „Sarah Kirsch". Das Pfarrhaus neben der Kirche ist das Geburtshaus der bekannten Lyrikerin und wurde 2002 zur „Dichterstätte" ausgebaut. An jedem letzten Samstag im Monat finden hier Lesungen und Vorträge statt. Das letzte Juni-Wochenende ist den „Limlingeröder Diskursen" gewidmet.

In der Dichterstätte finden Kunstausstellungen statt, die alle drei Monate wechseln. Wer sich für das Leben der Dichterin interessiert, kann an einer Führung durch das Haus teilnehmen, die der Förderverein „Sarah Kirsch" anbietet.

Die Dichterstätte „Sarah Kirsch" in Limlingerode. In diesem Gebäude finden regelmäßig Lesungen und Kunstausstellungen statt.

ÖFFNUNGSZEITEN & PREISE

BÄRENPARK WORBIS

Täglich geöffnet von
10 bis 18 Uhr (März bis Oktober) oder
von 10 bis 16 Uhr (November bis
Februar). Eintritt Tageskarte, Erwachsene:
6,50 Euro, Kinder, Schüler, Studenten und
Rentner: 4,50 Euro. Führungen kosten
2,50 Euro und müssen eine Woche vorher
angemeldet werden.

GRENZLANDMUSEUM TETTENBORN

Wochentags geöffnet von 13 bis 16 Uhr,
Sonntag von 10 bis 12 Uhr.
Eintritt für Erwachsene: 3,50 Euro, Kinder
und Jugendliche 2 Euro. Gruppen ab 10
Personen: 2 Euro pro Person.
Führungen werden ständig angeboten
und dauern etwa 60 Minuten.

DICHTERSTÄTTE SARAH KIRSCH

Geöffnet am Samstag und Sonntag von
10 bis 17 Uhr. Jeden letzten Samstag im
Monat finden Lesungen im ehemaligen
Pfarrhaus statt. Führungen nach
Vereinbarung. Kontakt: Heidelore
Kneffel, Tel. 03631/990960.

LÄNDLICHE KAFFEESTUBEN LIMLINGERODE

Geöffnet von Dienstag bis Sonntag
jeweils von 14 bis 18 Uhr. Montag ist
Ruhetag.

MEIN TIPP

EIN STÜCK ERDBEER-BAISER

Es soll Leute geben, die fahren knapp 100 Kilometer, um in den Ländlichen Kaffeestuben
in Limlingerode ein Stück von dem Erdbeer-Baiser-Kuchen zu genießen. Jeden Tag backt
Inhaberin Jutta Wybranietz 20 bis 30 Torten, die am Ende des Tages meist vollständig
aufgegessen sind. Und wenn es nicht reicht, hat sie noch ein paar Torten als Reserve in
der Hinterhand.
Ein Besuch sind die Kaffeestuben auf jeden Fall wert, denn nicht nur der Kuchen mundet,
sondern auch die Räume des Cafés sind sehr geschmackvoll eingerichtet.

Thomas Müller

Tauchen zur Unterwasserstadt Nordhusia, eine Straßenbahnfahrt und moderne Baukunst

Nordhausen ist an einem Tag kaum zu erkunden.
Heute machen wir uns auf durch die fast 1100-jährige
Rolandstadt – über und unter Wasser

Auf dieser Tour widmen wir uns Nordhausen. Das Kunsthaus ist gut mit der Straßenbahn zu erreichen.

Rolandstädter – so nennen sich die Nordhäuser. Und feiern am zweiten Juni-Wochenende auch ein Rolandsfest mit der Rolandgruppe.

Hinter dem häufig auftauchenden Namen verbirgt sich das Wahrzeichen der mit 45 000 Einwohnern größten Metropole nördlich der A 4. In rotem Mantel, mit schwarzen großen Stiefeln, mit Schwert und Schild steht der Roland seit mindestens 1717 am Rathaus.

Grafik: Andreas Wetzel / Thüringer Allgemeine © Stepmap, 123map • Daten: OpenStreetMap , Lizenz ODbL 1.0

Der Roland ist das Wahrzeichen von Nordhausen. Er wurde 1717 aufgestellt. Am Rathaus steht eine Kopie, das Original befindet sich im Neuen Rathaus gegenüber.

Das heißt, eigentlich steht er erst seit 20 Jahren. Denn was wir heute erblicken, ist eine Kopie. Der echte hölzerne Roland fand schräg gegenüber – im Neuen Rathaus – einen Schutz. Zu wertvoll ist dieses Symbol für die freie Reichsstadt. Jahrhundertelang war Nordhausen keinem Landesherrn, sondern nur dem Kaiser unterstellt. Dieses Privileg genoss in Ostdeutschland nur noch das nahe Mühlhausen.

Vis-à-vis vom Roland, am Lutherplatz, prangt an einer Hausfassade noch eine ähnlich große Gestalt. „Der Riese" erinnert an das Riesenhaus, das hier einmal stand. Einen Steinwurf übrigens entfernt vom Geburtshaus des großen Reformators Justus Jonas. Auch dieses existiert seit dem Bombardement von 1945 nicht mehr.

Vom Roland fällt der Blick auf ein wegen seiner modernen Architektur nicht zu übersehendes Gebäudeensemble. Bürgerhaus – diesen Namen gaben dem riesigen Bau die Stadträte – nicht ohne Kritik aus der Bevölkerung. In dem Prachtbau befinden sich ein Ratssaal und die Stadtbibliothek. Es ist eine der modernsten in Deutschland. Lichtdurchflutet und inhaltlich auf dem neuesten Stand.

Vom ältesten Haus der Stadt, Domstraße 12, bietet sich ein schöner Blick auf die Barfüßer Straße (rechts das Stadtmuseum Flohburg). Im Raum, in dem unser Fotograf stand, befindet sich eine von drei alten Holzbohlenstuben.

Von hier aus sind es ein paar Schritte in die Altstadt. In den vergangenen Jahren erlebte diese einen Aufschwung und bietet nun ein schönes Ambiente für einen Bummel. Wir laufen an St. Blasii, der evangelischen Hauptkirche, vorbei. Feininger malte die schiefen Türme schon, unter denen sich übrigens ein Cranach-Gemälde befindet.

Weiter schlendern wir durch die Barfüßer Straße und stoßen auf ein weiteres modernes Gebäude mit einem ziemlich merkwürdigen Namen: Flohburg.

Das heutige Stadtmuseum ist eine Mischung aus einem der ältesten und einem der jüngsten Häuser der Stadt. Im Fachwerkteil sollen einmal so viele Menschen zusammen gelebt haben, dass die Bürger nur von der Flohburg sprachen. Der Anbau mit seinem markanten spitzen Dach entstand bis 2012.

In jeder Hinsicht ist das Museum einen Besuch wert. Die Stadtgeschichte wird didaktisch interessant erzählt, von der ersten urkundlichen Erwähnung 927 über die Erfindung der Jugendweihe und der Vegetarierbewegung in Nordhausen bis hin zu den tragischen Ereignissen im Zweiten Weltkrieg, als hier die V2 produziert und die Stadt 1945 in Schutt und Asche gelegt wurde.

In der Flohburg finden wir auch eine von drei Holzbohlenstuben, die man in den vergangenen Jahren entdeckte. Weitere

Alf Grabinsky brachte das Altstadt-Lokal „Felix" 2015 auf den neuesten Stand – hier mit vielen Felixen im Hintergrund. Im Biergarten haben Besucher einen traumhaften Ausblick.

gibt es im ältesten Haus, Domstraße 12, und in Altendorf 48. Jederzeit zu besichtigen ist momentan nur die im Museum.

In der Altstadt, weiter die Straße hinunter, gehen wir schön essen, im „Felix" vielleicht, im „Alt Nordhausen" oder im ältesten Lokal, dem „Socken". Wir laufen zurück zur Blasiikirche und über den Kornmarkt zum Rathaus. Hier steigen wir in die Straßenbahn-Linie 1 ein und fahren gen Krankenhaus bis zur Puschkinstraße. 115 Jahre

Das Kunsthaus Meyenburg ist eine Villa im Norden der Stadt mit einem herrlichen Park.

103

schon hat Nordhausen die Straßenbahn – inzwischen eine Seltenheit in deutschen Städten.

Nur zwei Minuten von der Haltestelle entfernt erblicken wir eine prächtige Villa, eingebettet in viele weitere Villen aus der Zeit des Jugendstils und in einen Garten.

Das 1907 erbaute Haus mit Türmchen (und prächtigem Ausblick auf die Stadt und den Harz) wurde 1927 anlässlich der 1000-Jahr-Feier Nordhausens als Städtisches Museum für Stilmöbel eingerichtet. 2002 restaurierte die Stadt das nach dem Reformator und ehemaligen Bürgermeister Michael Meyenburg benannte Museum und wandelte es in ein Kunsthaus um. Dali, Goya, Barlach – Kunstliebhaber kommen hier auf ihre Kosten.

Uns bleibt ein schöner Nachmittag, um uns mit dem Bus oder dem Auto an die beliebten Kiesteiche zu begeben. Vor allem der Sundhäuser See (an der B 4 in Richtung Sondershausen) entwickelte sich in den vergangenen Jahren zum bundesweit bekannten Tauchermekka. Jede Woche kommen hunderte Taucher hierher, der guten Wasserqualität wegen. Besonders lockt sie die Unterwasserstadt Nordhusia an – natürlich mit Friedhof und Kirche.

Wer nicht tauchen, sondern nur schwimmen möchte, kann sich den Seen auch über die Rothenburgstraße nähern und findet dort ein Strandbad vor.

Der Sundhäuser See gehört wegen seiner guten Wasserqualität zu den beliebtesten Taucherseen in Deutschland. Am Grund befindet sich die Unterwasserstadt Nordhusia.

ÖFFNUNGSZEITEN & PREISE

STADTMUSEUM FLOHBURG

Barfüßer Straße 6, geöffnet
Dienstag bis Sonntag 10 bis 17 Uhr,
Eintritt 5 Euro (Freitag 1 Euro),
Kinder bis 16 frei.

KUNSTHAUS MEYENBURG

Alexander-Puschkin-Straße 31, geöffnet
Dienstag bis Sonntag 10 bis 17 Uhr,
Eintritt 5 Euro (Freitag 1 Euro),
Kinder bis 16 frei.

EINKEHR

Café Felix
Täglich 10 bis 24 Uhr, Samstag und
Sonntag bis 2 Uhr.
Zum Socken
Montag und Sonntag 11 bis 15 Uhr
Dienstag und Samstag 11 Uhr open end.

STRASSENBAHN

Linie 1 vom Bahnhof zum Krankenhaus,
Linie 2 von Parkallee nach Nordhausen-
Ost, *Linie 10* vom Krankenhaus bis Ilfeld;
normale Fahrt 1,60 Euro.

STRANDBAD

Täglich bis 20 Uhr, Eintritt 3 Euro,
ermäßigt 1,50 Euro.

TAUCHEN

Beide Tauchbasen an der Betonstraße
(B4 – Abfahrt Marktkauf); 8 Euro/Tag;
Tauchbasis Oasis
Anmeldung: Tel. 0176/25272462;
Tauchsportzentrum
April bis Oktober: täglich ab 10 Uhr,
Wochenende ab 9 Uhr;
November bis März: täglich ab 11 Uhr;
Wochenende ab 10 Uhr.

MEIN TIPP

DIE KLEINE WEISSE FRIEDENSTAUBE

Gäste aus Ostdeutschland werden das ganz schlichte, aber umso überzeugendere Lied
von der kleinen, weißen Friedenstaube kennen. Es stand in jedem DDR-Musikbuch.
Geschrieben hat es schon 1949 die Nordhäuserin Erika Schirmer, damals unter ihrem
Mädchennamen Mertke. Das Flohburg-Museum erinnert daran. Die Ehrenbürgerin, sie
wird im kommenden Jahr 90, verewigte sich in der Stadt aber auch durch wunderschöne Scherenschnitte und taucht auch als Stifterin für Klettergerüste und einen Baum vor
dem Rathaus auf.

Sebastian Tauchnitz / Thomas Müller

Das größte Wimmelbild Deutschlands, ein Berg voller Salz und das Kyffhäuser-Denkmal

Am letzten Tag unseres fast dreiwöchigen Urlaubs im Landkreis Nordhausen unternehmen wir einen Ausflug in den Nachbarkreis

In 20 Minuten sind wir in Sondershausen und touren von hier durch den Kyffhäuserkreis. Zurück geht es über Kelbra.

Festes Schuhwerk, leichte Kleidung und ein bisschen Mut müssen Sie für diese Tour mitbringen. Dazu bekommen Sie noch etwas: Helm, Grubenlampe und einen Kittel. Dann geht es auch schon abwärts, und zwar 670 Meter tief unter die Erde, ins Erlebnisbergwerk Sondershausen.

Schon die Fahrt unter Tage ist ein Erlebnis. Wenn rasselnd der Förderkorb aus der Tiefe des Berges auftaucht,

Grafik: Andreas Wetzel / Thüringer Allgemeine © Stepmap, 123map • Daten: OpenStreetMap, Lizenz ODbL 1.0

kann einem bei seinem Anblick schon das erste Mal mulmig werden. Vergessen Sie nicht den Kopf einzuziehen beim Einsteigen. Dann heißt es auch schon: Glück auf! Und die Grubenfahrt beginnt. Mit dem Förderkorb geht's hinunter in das Kalireich, eine glitzernde, funkelnde Welt aus Salz.

Hier unten wird nicht nur Streusalz abgebaut, sondern auch Touristen allerhand geboten. Auf einem der großen Lastwagen geht es rasant durch die Stollen. Mit einem Arschleder, wie es einst die Kalikumpel bei der Arbeit nutzten, können Sie die 52 Meter lange Tunnelrutsche in vier Sekunden herabschießen.

Zurück am Tageslicht, gönnen wir uns eine Verschnaufpause. Was eignet sich dafür besser als auf den Spuren der Fürsten von Schwarzburg-Sondershausen zu wandeln und sich am Prunk dessen Schlosses und Parkes zu erfreuen. Wir nehmen die 68 Stufen zum Schlosshof und spitzen die Ohren. Der musikalische Nachwuchs des Kreises wird hier ausgebildet – lauschen wir doch eine Weile, wie die Geige klingt, Horn und Klarinette ertönen. Vielleicht ist dies der

Auf unserer Tour durch das Kalibergwerk Sondershausen sehen wir auch diesen Saal aus Salz und ohne jede Stütze. Hier finden häufig Konzerte statt, wofür die Zuhörer 700 Meter unter die Erde gebracht werden.

Bild o.l.:
Im Schloss Sondershausen residierten bis 1918 die Fürsten zu Schwarzburg-Sondershausen. Seit 1994 gehört es der Stiftung Thüringer Schlösser und Gärten an.

Bild o.r.:
Bei Rottleben zwischen Sondershausen und Bad Frankenhausen befindet sich die Barbarossahöhle mit dem leeren Stuhl des legendären Kaisers.

Nachwuchs für das Loh-Orchester, das in der Residenzstadt für sein nächstes Konzert im Nordhäuser Theater probt.

Bei einer Führung im Schloss erfahren wir, dass die Fürsten von Schwarzburg-Sondershausen die letzten waren, die 1918 in Deutschland abdankten. Wir entdecken das „Thüringische Bernsteinzimmer" – ein Steinzimmer, das seinen Namen den aus der Region stammenden Kalksteinplättchen zu verdanken hat. Nicht weniger beeindruckend ist der Blaue Saal.

Dass Sondershausen nicht ohne Grund den Beinamen Musikstadt trägt, wird auf der Museumstour schnell deutlich. Bereits im 16. Jahrhundert waren Musiker wie Franz Liszt am Hof angestellt. Sie traten später als Loh-Orchester auf, das damit zu den ältesten Orchestern in Deutschland gehört.

Die Heimstätte des Loh-Orchesters liegt auch nicht weit entfernt: Ein kurzer Spaziergang durch den Schlosspark, und schon stehen wir vor dem Haus der Kunst.

Bevor wir durch den Park lustwandeln, machen wir aber noch einen Abstecher zur Goldenen Kutsche. Sie steht hinter einem großen Tor im Schloss selbst.

Gespeist wird entweder gut bürgerlich zu Fuß des Schlosses, in der Alten Posthalterei. Oder wir bleiben gleich im Schloss und nehmen Platz in den ehemaligen Audienzräumen des letzten Fürsten, Karl Günther. Bei schönem Wetter lohnt sich auch der Freisitz des Restaurants „Hofküche" mit Blick auf den Lustgarten mit der Fontäne.

Unsere Tour führt weiter in Richtung Bad Frankenhausen. Bei Rottleben entdecken wir die Barbarossahöhle. Sie gilt als eine von weltweit nur zwei bestehenden Schauhöhlen im Anhydritgestein. Die interessanten und unterhaltsamen Führungen dauern etwa eine Stunde. Auf Barbarossas Thron kann man ein schönes Erinnerungsfoto machen.

Nun aber endlich weiter nach Frankenhausen. Von weitem sehen wir den Schlachtberg oberhalb der Kurstadt. Hier kämpften während des Bauernkrieges die Aufständischen um Thomas Müntzer mit dem Adel. Und unterlagen.

Das gewaltige Panoramabild in Bad Frankenhausen ist das größte Wimmelbuch Deutschlands. Wir empfehlen, eine Führung wahrzunehmen, um die Details zu erkennen.

Das Kyffhäuser-
Denkmal reiht sich ein
in die Monumental-
bauten des
Kaiserreichs.

Zu DDR-Zeiten zur „frühbürgerlichen Revolution" sti-
lisiert, wollte die SED-Führung hier eine Mammut-Ge-
denkstätte errichten. Ein Riesengemälde nach sowjeti-
schem Vorbild. Und so baute man das kreisrunde „Elefan-
tenklo". Doch mit der geplanten Indoktrinierung wurde es
nichts, denn mit der Erstellung des riesigen, 1722 Quad-
ratmeter großen Gemäldes wurde Werner Tübke aus Leip-
zig beauftragt. Und der malte kein Schlachtengemälde
russischer Prägung, sondern ein bis heute faszinierendes
Abbild der gesamten Renaissance. Kinder würden das
Rundbild garantiert als Wimmelbuch bezeichnen.

Höchste Zeit, endlich dem Wahrzeichen schlechthin einen Besuch abzustatten – dem Kyffhäusergebirge mit seinem stattlichen Kaiserdenkmal. Es liegt auf dem Rückweg
nach Nordhausen. 1896 wurde es gebaut – ursprünglich
als Kaiser-Wilhelm-Nationaldenkmal. Auch heute, 119
Jahre nach seinem Bau, weiß der riesige Sandsteinturm mit
dem Reiterstandbild Wilhelm I. noch zu beeindrucken.
Kein Wunder, handelt es sich hierbei doch um das dritt-
größte Denkmal Deutschlands.

ÖFFNUNGSZEITEN & PREISE

BERGWERK SONDERSHAUSEN

Schachtstraße 20, Führungen Dienstag bis Freitag 11 und 14 Uhr; Samstag 10 und 14 Uhr; Sonn- und Feiertag 11 Uhr; Anmeldung erforderlich unter: Tel. 03632/655280; Eintritt: 20 Euro, Jugendliche 10 bis 16 Jahre 15 Euro.

SCHLOSS

Dienstag bis Sonntag 10 bis 17 Uhr; Führungen 14 Uhr; Eintritt: Erwachsene 5 Euro, ermäßigt 4 Euro, Kinder bis 6 Jahre frei; Freitag für alle Einzelbesucher von 14 bis 17 Uhr frei.

BARBAROSSAHÖHLE

1. April bis 31. Oktober: täglich Führungen von 10 bis 17 Uhr;

1. November bis 31. März: Dienstag bis Sonntag bis 16 Uhr; Eintritt: 7,50 Euro, für Kinder bis 16 Jahre 4 Euro.

PANORAMAMUSEUM

November bis März: Montag geschlossen, Dienstag bis Sonntag 10 bis 17 Uhr; *April bis Oktober:* bis 18 Uhr; im *Juli/August* auch montags von 13 bis 18 Uhr geöffnet; Eintritt: 6 Euro, Kinder bis 14 Jahre 2 Euro.

KYFFHÄUSER

April bis Oktober: 9.30 bis 18 Uhr; *November bis März:* 10 bis 17 Uhr, Eintritt: 7,50 Euro, ermäßigt 4,50 Euro.

UNSER TIPP

RUNDBILD NUR MIT ERKLÄRUNG

Das monumentale Gemälde des Werner Tübke von jener Zeit des Aufbruchs, von der Schnittstelle zwischen Mittelalter und Neuzeit, ist ein absolutes Muss für Besucher des Südharzes und in West- und Mitteleuropa einmalig. Natürlich ist es auch für sich schon überwältigend, aber ein richtiger Genuss wird es erst, wenn man jemanden neben sich weiß, der einen auf die Einzelheiten hinweist. Denn kein einziger Strich ist hier Zufall. Finden Sie den Schatten des Vogels in der Fahne oder den Menschenkörper in einem Fisch?

BILDNACHWEIS

- Blum, Hans-Peter
S. 34, 37 u., 96, 97
- Dietzel, Silvio
S. 50
- Grimm, Sebastian
S. 66
- Jüngel, Eckhard
S. 95
- Keil, Christoph
S. 17, 18, 23, 25, 26, 38, 47, 49, 55 o., 62 o.
- Kneise, Marco
S. 108 l., 109
- Most, Henning
S. 62 u., 71, 73, 74
- Müller, Kristin
S. 19, 20, 42, 44, 55 u., 56, 58, 60, 77-80, 85, 86 l. 89 o.
- Müller, Thomas
S. 11-14, 28-31, 36, 41, 91, 92
- Obst, Roland
S. 24, 37 o., 43, 48, 53, 54, 61, 65, 67, 68, 72, 84, 86 r., 89 u., 98, 101-103
- Privat
S. 32, 83
- Rusche, Renate
S. 90
- Schedwill, Susanne
S. 104
- Slodczyk, Wilhelm
S. 108 r., 110
- Ulnyrov, Roman
S. 107